AF451780

LES FLEURS

ET

PLANTES D'APPARTEMENTS

8° S
7468

BIBLIOTHÈQUE PRATIQUE

Chaque volume illustré, **2 fr.**, *franco*

CARDON (E.). — **L'Art au foyer domestique.** 1 vol. in-18 illustré.

DESTREMAU. — **Manuel de l'Histoire de l'art.** 1 vol. in-18, 40 gravures.

FRAIPONT (G.), professeur à la Légion d'honneur. — **L'Art de prendre un croquis et de l'utiliser.** 1 v. in-8, 50 dessins.

— **L'Art de peindre le paysage.** 1 vol. in-8, avec une planche en couleurs et 50 dessins.

— **L'Art de peindre les marines.** 1 vol. in-8, avec une planche en couleurs et 50 dessins.

— **L'Art de peindre les fleurs.** 1 vol. in-8 avec une planche en couleurs et 50 dessins.

KARL-ROBERT. — **Le croquis de route et la pochade à l'aquarelle.** 1 vol. in-8 avec une planche en couleurs et 40 grav.

OTTIN (L.), professeur de la ville de Paris. — **L'Art de faire soi-même un vitrail.** 1 vol. in-8 avec une planche en couleurs et 66 gravures.

RIS-PAQUOT. — **La peinture sur faïence et porcelaine.** 1 vol. in-8 avec 4 planches en couleurs et nombreuses grav.

ROUSSEAU (Mme Louise). — **L'Art de passer son temps au bord de la mer.** 1 vol. in-18, 75 gravures.

1491-92. — Corbeil. Imprimerie Crété.

L'ART DE CULTIVER

LES

FLEURS ET PLANTES

D'APPARTEMENTS

ET DE LES FAIRE SERVIR

A LA DÉCORATION DE L'INTÉRIEUR

PAR

Mme Louise ROUSSEAU

Ouvrage orné de 34 gravures.

PARIS

LIBRAIRIE RENOUARD

HENRI LAURENS, ÉDITEUR

6, RUE DE TOURNON, 6

AVANT-PROPOS

Le goût des fleurs et des plantes se répand chaque jour de plus en plus ; tout le monde les aime et veut en avoir, en jouir. Malheureusement, un grand nombre d'amateurs n'ont pas à leur disposition un jardin, une serre pour les cultiver, les entretenir et suivre avec intérêt leur développement.

Si beaucoup d'entre nous ne peuvent avoir ce jardin, cette serre, il nous est cependant facile d'orner notre maison, notre appartement de plantes diverses.

C'est un luxe fort cher ! direz-vous.

Oui, si vous tenez aux plantes rares, telles que les orchidées, les palmiers, les fougères des tropiques, ces reines de l'horticulture ne peuvent convenir qu'aux fortunés ; mais si votre budget est plus restreint, il vous restera encore un grand nombre d'arbustes rustiques, de fougères vulgaires et même de plantes des champs et des bois qui, disposées avec goût et entretenues avec soin offriront un coup d'œil des plus agréables?

Les amateurs de plantes aquatiques auront une liste aussi fournie que variée.

Il y a encore les oignons à fleurs dont le développement est curieux à observer, et l'effet charmant, quand les fleurs s'épanouissent et brillent des plus vives couleurs en embaumant l'air de leur parfum subtil.

Les plantes aériennes, s'il est permis de donner ce nom à celles qui peuvent pousser suspendues à un fil dans un paquet de mousse humide, une éponge, sont d'un aspect bizarre et gracieux qui étonne à première vue.

Nous voulons aussi donner quelques conseils sur la façon de disposer dans les vases, les fleurs coupées; celles qu'il faut choisir de préférence à d'autres à cause de leur grâce, de leurs propriétés décoratives et de l'effet qu'elles peuvent produire.

Ce n'est pas un ouvrage de démonstration scientifique que nous entreprenons; notre but est de donner quelques conseils à nos lecteurs en leur prouvant que les fleurs et les plantes d'appartement, ce grand luxe de la mode actuelle, est un luxe à la portée de tous.

L'ART DE CULTIVER

LES

PLANTES ET FLEURS D'APPARTEMENTS

ET DE LES FAIRE SERVIR

A LA DÉCORATION DE L'INTÉRIEUR

CHAPITRE I

SOINS A DONNER AUX PLANTES

Nous n'avons pas l'intention de détailler les soins à donner à telle ou telle plante ; le nombre en est trop grand pour que nous entreprenions une pareille tâche ; nous voulons seulement indiquer d'une façon générale quelle est la manière de soigner les plantes qui ornent nos appartements.

Pendant l'hiver, la première chose dont nous nous occuperons sera le chauffage, qui peut être très pernicieux pour elles, s'il s'effectue au moyen de charbon de terre ou de coke, l'air étant alors trop desséché ; le bois est de beaucoup préférable à brûler dans les pièces où sont placés des végétaux, mais comme on ne peut pas toujours changer l'installation d'une cheminée, ou que le froid et les moyens ne permettent pas à tous un chauffage aussi doux, il faut remédier au dessèchement de l'air par l'emploi du pulvérisateur.

Trois ou quatre fois par jour on fera une longue pulvérisation d'eau pure à la température de l'appartement, c'est-à-dire de 14 à 17 degrés, non seulement sur les feuilles des plantes, mais encore dans toutes les couches d'air qui les environnent.

Le même procédé peut être employé plus souvent en été pour les rafraîchir et les préserver de la poussière.

Dans les galeries ou les jardins d'hiver, le meilleur chauffage est le chauffage à circulation d'eau chaude, mais c'est une installation assez coûteuse.

L'aération des appartements est une chose indispensable, il faut bien se garder de placer les plantes en courant d'air, elles sont aussi sensibles que nous, et craignent les refroidissements.

Si elles ont peur de l'air trop vif, il n'en est pas de même de la lumière, elle fait partie de leur existence, aussi ne faut-il pas les en priver. Dans les salons sombres et tendus de draperies tamisant le jour, il est indispensable d'ouvrir les grands et les petits rideaux plusieurs heures dans la journée et de placer les plantes près de la fenêtre. Si cela est impossible on les change de pièce de temps en temps.

Les oignons à fleurs seront toujours exposés en pleine lumière sous peine de n'avoir que des grappes blanches ou étiolées; on doit les retourner en tous sens pour obtenir une nuance uniforme.

Pendant la belle saison, il faut éviter pour les

plantes, les rayons d'un soleil trop ardent qui dessèche et brûle les feuilles de toute végétation.

On doit laver les feuilles avec une éponge ou un linge très doux trempé dans de l'eau tiède pendant l'hiver; cette opération débouche les pores obstrués par la poussière et rétablit la respiration du végétal. Il sera bon de visiter les tiges et le dessous des feuilles afin

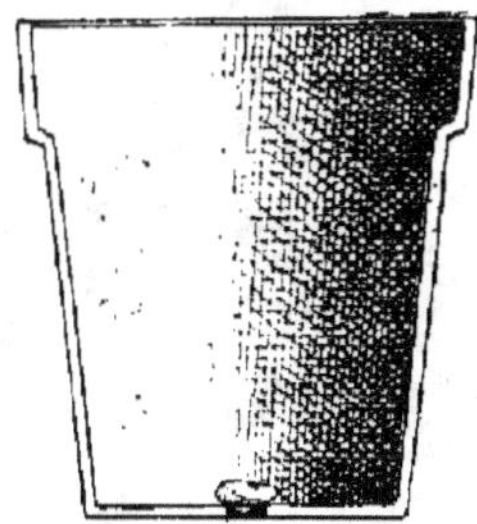

Coupe du pot de fleur avec son obstructeur.

de s'assurer que les pucerons et autres insectes n'y ont pas élu domicile.

Il est bon, lorsque vous empotez une plante, de mettre au fond du pot, sur le trou même, un petit caillou ou quelque chose d'analogue, cela ne bouchera pas hermétiquement l'issue, mais empêchera la terre de s'en aller complètement par ce trou lorsque l'on procédera aux arrosages.

Pour dépoter une plante il faut s'y prendre avec adresse et avoir le plus grand soin de ne pas casser les racines.

On prend la plante sur la main gauche, on soutient la terre en laissant passer la tige entre les doigts, la tête en bas; il suffit de frapper légèrement le bord du vase contre un objet quelconque, pour que la motte sorte tout d'un coup avec les racines; il est bon de placer la plante dans un vase plus grand et de l'entourer de terre fraîche en l'arrosant copieusement. Pour un ar-

Dépotement d'une fleur.

buste l'opération se pratique de même, mais il faut être plusieurs à cause du poids.

Le dessus de tous les pots de fleurs peut être couvert avec de la mousse.

Cette pratique a le double avantage : 1° d'offrir un aspect plus gracieux et plus élégant; 2° d'entretenir une fraîcheur constante autour du végétal contenu dans le vase.

Quand on transporte une plante d'une serre quelconque dans un appartement, il faut, dès son arrivée, procéder à ce que l'on appelle « le mouillage », opération qui consiste à immerger le pot dans un baquet d'eau pendant dix minutes, ensuite on le retire pour le mettre à sa place ; de cette façon, la transition est moins grande entre l'atmosphère humide de la serre qu'elle vient de quitter et l'air sec d'une maison ou d'une pièce quelconque ; du reste, ce mouillage peut être renouvelé de temps en temps, tous les quinze jours environ, il ne donnera que des résultats satisfaisants.

Beaucoup de plantes à feuillage peuvent être mouillées ainsi ; nous faisons exception pour les plantes grasses, quelques fougères, les ficus et les broméliacées.

Si le mouillage est une bonne chose il faut se garder de laisser séjourner les vases contenant des fleurs dans l'eau croupie, ce qui se produit au bout de deux ou trois jours, suivant la température, quand les jardinières sont à fond zingué. Il arrive souvent, en effet, qu'après avoir arrosé trop copieusement on n'a pas le soin d'enlever l'eau qui a filtré peu à peu et s'est transformée en moisissure et en champignons fort nuisibles à la santé des plantes.

Il faut donc faire de fréquents arrosages, mais d'une façon modérée, ou mieux encore, procéder en plusieurs séances afin de laisser la terre absorber le liquide tout à son aise.

Pendant l'été, on mettra les plantes dehors et l'on bassinera largement les feuilles de temps en temps en ayant le soin d'enlever les feuilles malades ou mortes.

La terre des pots sera changée tous les ans, au printemps, avant que la végétation ait repris son cours, mais il ne faut surtout pas toucher aux racines ; la plante sera alors placée dans un vase plus grand que celui qui la contenait auparavant.

Il ne faut pas placer les fleurs dans des seaux de

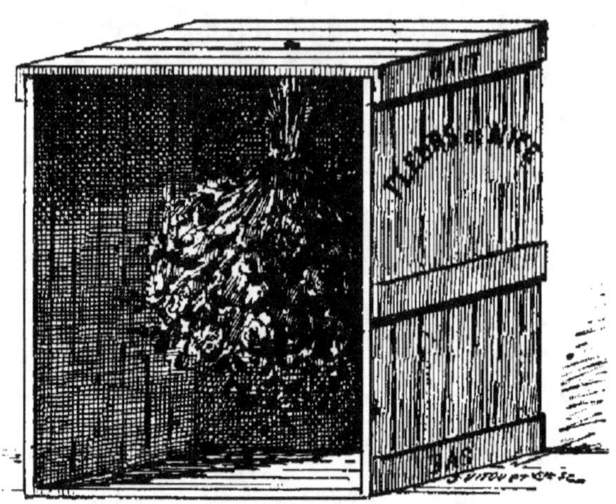

Emballage d'un bouquet.

zinc ou de cuivre, car on risque de les voir se flétrir fort vite : il n'y a que les pots de terre qui leur conviennent.

Si l'on veut envoyer des fleurs, soit par la poste ou d'une autre façon, il faut les disposer soigneusement entre deux couches d'ouate, lesquelles seront placées sur un lit de mousse très humide et recouvertes d'une large feuille (rhubarbe, chou) ; elles arriveront ainsi en parfait état. Si c'est un bouquet que l'on doit faire voyager, on le pend par la queue, au couvercle de la caisse, qui sera en bois, bien entendu ; ainsi suspendu

dans le vide il ne court aucun danger. Pour un arbuste
on le place dans un panier rond assez profond ; on
forme au-dessus de ses branches une pyramide avec
des lattes de bois et on coud sur le tout une toile

Emballage d'un arbuste.

d'emballage, en ayant le soin d'attacher les feuilles.
Comme liens, on doit se servir de substances très douces
et pour cet usage rien n'est préférable aux fibres de
raphia que vendent tous les marchands de graines.

Quand on reçoit des fleurs de Nice ou de tout autre
endroit, il s'en trouve souvent quelques-unes dont la
tige est cassée ou abimée, on passe, pour réparer cet

accident, un fil de fer dans cette tige devenue trop flexible, on l'entoure de coton mouillé ou de mousse humide, la fleur reprend sa fraicheur, et placée au milieu des autres, son pansement passe inaperçu ; on agit de même pour les roses cassées ou les camélias sans branches.

Les végétaux ainsi que les hommes et les animaux, peuvent être sujets à des maladies, à un dépérissement, qui ne tardent pas à les faire périr si on n'y remédie promptement. Ces maladies ou ce dépérissement sont occasionnés par plusieurs causes : 1° par l'affaiblissement de la force de la végétation, soit général ou partiel ; 2° par des maladies spéciales ; 3° par des lésions physiques ; 4° par des parasites animaux ou végétaux.

On s'aperçoit qu'une plante est atteinte d'affaiblissement partiel ou général quand ses fleurs ou ses feuilles tombent au moment où elles devraient prospérer, et qu'elle subit un rabougrissement général. Les causes qui amènent cet état de langueur sont le froid ou la chaleur, la sécheresse, les insectes, les lésions physiques de toute espèce. Ce qui cause la chute des fleurs et des feuilles est presque toujours le froid ; il est donc facile d'y remédier. Quand la plante dépérit lentement, on peut être assuré que les racines sont attaquées par les champignons, il faut alors essayer de la changer de terre.

Les plantes pâlissent et s'étiolent quand elles sont trop exposées à l'ombre ou trop serrées l'une contre l'autre, il est encore facile de remédier à cela.

Les lésions physiques qui atteignent les végétaux

sont souvent dues à une extrême chaleur ou un froid intense, veillez donc à la température avec le plus grand soin.

Quand une plante dépérit, il faut bien s'assurer qu'elle n'a aucune plaie à sa tige ni à ses branches ; les coupures que les enfants s'amusent quelquefois à lui faire, ou les brûlures sont capables de la rendre très malade ; s'il y a blessure, on peut enduire la partie blessée avec du ciment de Forsyth qui sèche promptement et cicatrise les plaies.

Il reste enfin les insectes nuisibles qui abîment beaucoup les végétaux ; les espèces sont très nombreuses ; les plus nuisibles pour les plantes d'appartement sont le puceron et les galles. Les galles s'attaquent souvent aux rosiers sur lesquelles ces insectes forment des excroissances de tissu qui les déparent et les abîment. Les pucerons s'attaquent aux feuilles qu'ils mangent ; pour les détruire on lave la plante avec de l'eau fortement salée, ou avec une décoction de tabac.

Les coccinelles mangent ces petits insectes, il faut donc se garder de les tuer quand on en rencontre.

Les escargots détruisent en peu de temps les rameaux d'une plante, il est utile de leur faire la chasse et de bien visiter les pots avant de les entrer dans les appartements. Ces animaux monteraient le long des tentures qu'ils abîmeraient beaucoup.

Pour la culture des oignons de jacinthe dans des vases remplis d'eau, deux méthodes sont employées : l'une consiste à mettre dans le fond des vases un morceau de charbon de bois, et à ne pas changer l'eau pendant le développement des racines, le charbon de bois ayant pour propriété d'empêcher la corruption de l'eau.

L'autre méthode consiste au contraire à changer l'eau tous les trois ou quatre jours ; dans ce cas on ne met pas de charbon comme préservatif. Quelle est la meilleure? Nous ne saurions nous prononcer, toutes les deux donnent de bons résultats.

Si les racines de la jacinthe se pourrissent en poussant, on peut les couper ; il arrive quelquefois que la plante n'en souffre pas, mais, cela est rare, le plus souvent la maladie gagne l'oignon ; il est perdu et se gâte alors complètement.

Les plantes semées dans des éponges ou de la mousse humide, et que nous appelons plantes aériennes, ne réclament pas de nombreux soins ; il est seulement de la plus haute importance de les vaporiser souvent avec de l'eau fraîche, car si l'éponge ou la mousse sèchent, elles meurent au bout de peu de temps.

CHAPITRE II

FAÇON DE DISPOSER LES PLANTES DANS UN APPARTEMENT. — VASES A OIGNONS.

Il y a une quantité de façons de disposer les plantes dans une pièce; pourtant, il semble que telle place convient mieux à celle-ci, telle autre à celle-là. Celle que l'on placera dans un salon ne sera pas la même

Latania borbonica disposé dans un vase chinois placé dans un
angle de boudoir.

qui ferait bien dans un boudoir ou dans une salle à manger, dans une antichambre. Mais, direz-vous, cela dépend beaucoup du salon, de la salle à manger, du boudoir, de l'antichambre que nous avons à décorer; c'est vrai, c'est aussi notre avis.

Dans un grand et magnifique salon au plafond élevé, à la décoration sévère, mettez des plantes du même style, c'est-à-dire celles dont les tiges sont élevées, le feuillage grand et décoratif : des palmiers, des dattiers, des ficus, de hautes fougères etc., elles donneront encore plus grand air à votre pièce, mais ne l'égayeront pas.

Si, au contraire, vous voulez corriger ce que vous trouvez en elle de trop froid, de trop sérieux, placez à profusion dans les coins, près des fenêtres, des rhododendrons aux fleurs éclatantes, des azalées avec leur air de robe de bal, des gloxinias, etc., remplissez les vases de bouquets fleuris, de longues tiges piquées au milieu d'un feuillage léger et mousseux.

Cette végétation gaie et riante sied aussi aux salons riches, mais moins grandioses que le premier dont nous avons parlé; dans ceux-ci, comme dans les boudoirs et les petits salons, on placera des orchidées aux formes bizarres et variées, de petites fougères, des sabots de Vénus, des calcéolaires, des bégonias, etc., etc. Ces plantes riches et élégantes iront bien avec les jardinières en bois doré, les vases en porcelaine de Saxe, et le luxe déployé autour d'elles. Si l'on dispose des plantes dans ces jardinières luxueuses, il faut avoir soin qu'elles ne leur servent que de cachepot.

Pour les palmiers, les dattiers, les fougères, etc., il

est nécessaire d'avoir des bacs ou grands vases de bois ;
on les dissimulera d'une manière élégante en les
drapant avec des étoffes de fantaisie, des tentures
indiennes ou chinoises, c'est une chose facile à faire
et qui ne manque pas de cachet.

Dans les salons moins riches ou à la campagne,
toutes les plantes font bon effet, qu'elles sortent des
serres, des jardins, des bois ou des champs; toutes
les jardinières leur conviennent : jonc, bois rustique,
vannerie, osier, etc., il n'y a qu'un genre qui doit rester
exclusivement à la salle à manger et à l'office, ce sont
les jardinières en terre cuite; c'est leur place, elles y
font bien et ailleurs elles seraient d'un mauvais effet.

Aux mois de juillet et d'août, on aura le soin de
cueillir au bord des rivières des massettes ou graines
de grands roseaux, appelés roseaux de la Passion. En
les disposant dans des vases avec certains feuillages, on
obtient une décoration charmante et originale pour
les encoignures et les antichambres. Dans la salle à
manger, une jardinière de grande taille peut être
organisée devant la fenêtre; c'est sa place par excellence, elle devra contenir un certain nombre de plantes
variées, pourvu que ces variétés s'accommodent de la
même terre et de la même exposition, car il faut bien
se garder de mettre ensemble des plantes qui réclament
l'ombre pendant que les autres ne peuvent vivre qu'au
soleil.

La garniture de cette jardinière variera selon les
saisons, mais il faut toujours que son effet soit
gracieux; pour cela on aura le soin de placer au
milieu du groupe les plantes à tiges les plus élevés, et

les bords seront garnis avec des feuillages retombants.

Tabac en fleurs.

Quand on place des plantes ou des fleurs dans les antichambres ou dans les bow-windows de salle à manger

il faut avoir soin de les disposer selon la taille et la délicatesse des végétaux ; si ces plantes forment plusieurs rangées, on mettra au fond les camélias, les fusains, les aucubas, les véroniques, etc... au second plan prendront place certaines fougères, les azalées, les palmiers de taille moyenne, les mimosas, les reines des prés ; enfin on ne placera en avant que les plantes fleuries et ayant une taille peu élevée, telles que : les pensées, les primevères, les anémones, les tulipes, les jacinthes, les giroflées, les calcéolaires, etc. Cette décoration varie du reste suivant la saison. Quand la place et la disposition de l'habitation le permettent, il est fort agréable d'avoir un jardin d'hiver dans lequel les fleurs naissent à toutes les époques ; pendant les mauvais jours on y rencontrera des primevères de la Chine, des gloxinias, des violettes de Parme, quelques roses, des camélias, des roses de Noël de nuances variées, de nombreux chrysanthèmes, etc. Dans ce jardin d'hiver, il sera bon de placer une fontaine ; le bruit de l'eau est toujours agréable à entendre, et l'utilité s'en fait sentir : 1° pour les arrosages ; 2° afin d'entretenir une certaine fraîcheur dans l'atmosphère et d'atténuer le fâcheux effet de la vapeur.

MANIÈRE DE FAIRE UNE CORBEILLE DE FLEURS.

Pour faire une corbeille, on procède comme pour un bouquet ; mais au lieu d'eau c'est du sable ou de la mousse très humide que l'on emploie, la terre glaise peut encore convenir dans ce cas.

Il faut s'appliquer autant que possible à harmoniser

les nuances des fleurs, bien que souvent le hasard soit plus heureux que la réflexion pour produire un effet artistique réussi. Afin que toutes les fleurs soient visibles, il faut donner à la corbeille un léger bombé ; on obtient ce bombé de deux manières : soit en faisant faire une légère courbe à la terre et en coupant les tiges des fleurs de la même hauteur, soit en laissant la terre de niveau et en coupant les tiges à des hauteurs inégales ; on les pique à volonté après avoir recouvert la terre ou le sable de mousse humide ; si l'on emploie les corbeilles à anses, celles-ci peuvent être entourées d'une guirlande de fleurs placées au moyen d'un mince fil de laiton sur un petit lit de mousse humide.

Les corbeilles d'osier pourront être ornées de nœuds de ruban assortis à la nuance des fleurs qu'elles contiendront.

Les fleurs claires produiront un excellent effet dans les coins qu'elles éclaireront, et en même temps elles feront paraître plus vaste la pièce où on les placera.

Les suspensions peuvent être accrochées au plafond, elles contiendront des zerbinas, des saxifrages sarmenteux, des cymballaires, des ficoïdes, des euphorbes, etc.

Pendant la belle saison, les fleurs seront répandues à profusion dans la salle à manger, en ayant toutefois le soin d'éviter d'y placer celles dont le parfum peut être nuisible aux convives.

Comme milieu de table, si c'est à la campagne, on prendra un plat de terre assez profond qui sera rempli de sable humide ; on y piquera des branches de fleurs coupées, arrangées avec goût ; la tige de ces fleurs ne sera pas trop haute, afin de ne pas gêner la vue, ce qui est désagréable.

Nous avons pris aux Anglais le modèle de vases

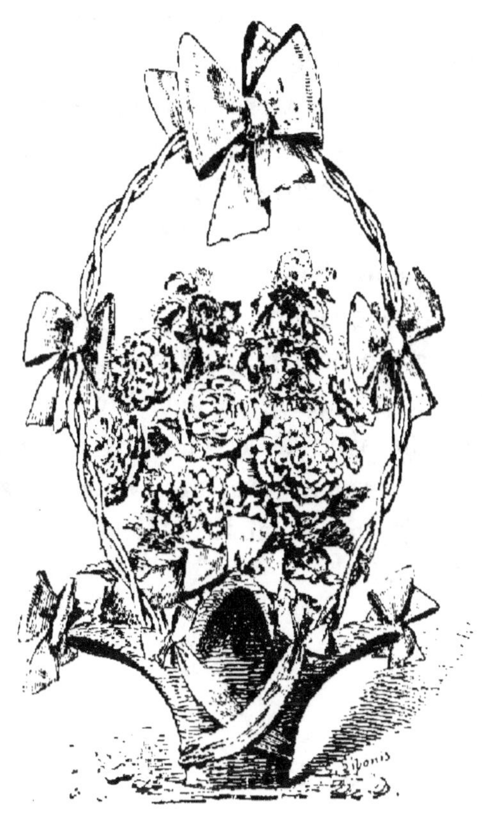

Corbeille de begonias doubles.

fort bas et fort étroits dits « chemins de table », dans lesquels les fleurs se disposent de la même façon que dans les plats en terre; on les place en guirlandes tout autour de la table, et les personnes assises semblent être devant un parterre de fleurs. Ce modèle n'est pas d'un prix très élevé et se trouve à présent chez tous les grands marchands de cristaux et de porcelaine de Paris et des grandes villes.

Il reste encore, pour la décoration de la salle à manger, le vase à crocus qui est charmant une fois garni ; on peut se le procurer moyennant une somme fort minime chez tous les marchands de graines.

Ce vase à pied est en terre ; il se place sur une soucoupe en terre également et assez profonde ; le pied est creux afin de permettre à l'eau de s'écouler dans la soucoupe, le fond du vase est percé de trous, ayant juste la dimension d'un oignon de crocus ; on en place un dans chaque ouverture, puis on recouvre le tout d'une couche de terre ; on pose alors sur cette terre trois beaux oignons de jacinthe ou de tulipe, puis on bouche avec de la mousse ; les fleurs des crocus sortent par les ouvertures inférieures, et les tulipes ou les jacinthes montrent leurs têtes suivant l'habitude ordinaire.

CHAPITRE III

PLANTES POUSSANT DANS L'EAU, JACINTHES, ETC.

Quant aux plantes aquatiques, leur place est encore à la salle à manger, au jardin d'hiver ou dans l'office, car elles nécessitent l'emploi d'un appareil spécial : un aquarium ; il sera disposé de différentes façons, suivant que les plantes qu'il doit contenir pousseront entièrement dans l'eau, ou seulement dans une terre très humide; dans le nombre de celles qui vivent entièrement submergées, nous trouvons : la vallisneria spiradis, le potamogeton, l'elodea; il suffit de jeter dans l'eau quelques fragments de ces espèces pour qu'elles prennent racine et y vivent pendant assez longtemps. Il est bien entendu qu'il doit y avoir toujours au fond du vase une légère couche de terre ou de gravier; certains végétaux aquatiques vivent entièrement à la surface de l'eau ce sont : les lentilles d'eau, les azollas, les salvinias natans, etc.

Un certain nombre de plantes des terrains marécageux pourraient être cultivées dans les serres ou dans les jardins d'hiver, la plupart sont charmantes et ont un aspect de fraîcheur, de fragilité dont ne sont pas douées leurs sœurs terrestres ; je ne cite que quelques noms pris il est vrai parmi les plus jolies.

Nous avons le trèfle d'eau (Menianthes trifolia), le myosotis palustris qui a donné lieu à la délicieuse légende du « ne m'oubliez pas », la grande salicaire, la renoncule aquatique, le populage des marais à la fleur d'or, la grande douve, la massette naine, les nénuphars qui offrent une si grande richesse de variétés et dont les feuilles s'étalent d'une façon élégante à la surface des eaux, etc.

Si l'on peut établir dans l'aquarium un système d'eau courante, ce sera une très bonne chose. Au milieu il est facile de disposer des pots dans lesquels seront placés des carex, des cypérus, ainsi que des aroïdées ; leur feuillage s'élèvera au milieu de l'aquarium comme un gracieux abri.

Nous voulons encore dire quelques mots de la culture sur des éponges et dans de la mousse humide. C'est plutôt à titre d'amusement et de curiosité que nous en parlerons. Il suffit de prendre de la mousse

Plantes aquatiques.

très humide et de la disposer en forme de boule ; on l'attache ensuite au bout d'une ficelle suspendue au plafond, à une hauteur facile à atteindre ; pour l'éponge on procédera de la même manière que pour la mousse ; on sème à la surface de ces terrains nou-

veaux des graines de cresson alenois, de roquette, de
millet, de sisymbrium, de mouron, de trèfle rouge, de
lin, d'orge, etc. La pomme de pin peut être employée
en guise d'éponge, il faut la faire tremper pendant
un certain temps avant de s'en servir et ne jamais oublier de pulvériser de l'eau tous les jours à sa surface.

Quelques personnes tiennent à avoir des fleurs dans
leurs chambres à coucher; on ne saurait trop blâmer
cette habitude qui est fort malsaine et occasionne de
fréquents accidents. Dans les chambres habitées par
des enfants, des bébés; jamais, aucune plante ne doit
séjourner.

CHAPITRE IV

LES FRUITS. — DÉCORATION DE LA TABLE. — CALENDRIER
INDIQUANT LES FRUITS DE LA SAISON.

Janvier.

Nous avons encore une grande ressource pour l'ornementation de la table, ce sont les assiettes de
fruits garnies de fleurs qui font le plus gracieux effet;
en janvier, ces assiettes sont ornées par des poires de
différentes espèces telles que : les poires de Saint-Germain, le passe-Colmar, le beurré d'Arenberg, le Col-
mar d'hiver, etc.; les pommes que l'on trouve encore
sont des reinettes parmi lesquelles on rencontre : la

reinette grise, de Canada, blanche, etc. Pour disposer
les poires et les pommes sur une assiette à fruits il
faut placer sur cette assiette une petite serviette à dessert, garnie de dentelle ou de broderie, comme cela
se fait à présent, car, à cette époque de l'année, les
feuilles sont introuvables, c'est très joli et fort prati-

Coupe de cerises décorée de roses.

que, puisque ces serviettes se lavent! On emploie
encore pour le même usage les papiers imitant la dentelle, c'est moins élégant et il est préférable de les ré-
server pour les bonbons, les petits fours et les fruits
secs.

Quelques personnes ont l'habitude de disposer les
fruits sur la table en les plaçant dans de la mousse;
l'effet produit semble quelquefois gracieux, mais, outre

que ce procédé manque de distinction et ne s'emploie que dans certains restaurants, la mousse présente le grave inconvénient de donner aux fruits une saveur très désagréable. A cette époque les fleurs sont encore trop rares pour les utiliser de la sorte.

Avec les poires et les pommes, le fruitier fournit

Coupe de fraises avec garniture de primevères.

encore quelques grappes de chasselas et sur le marché de Paris il est possible de se procurer de magnifiques grappes de raisin noir dont le prix est très abordable.

Janvier est aussi le mois des oranges et des mandarines qui sont d'un bel effet décoratif; on trouve maintenant pour les tables luxueuses quelques rares fraises forcées sur couches dont le prix est très élevé; on peut encore se procurer chez les marchands de comestibles des fruits exotiques tels que : le kaki du Japon, les bananes, les letchies du Japon. Les personnes qui ont des serres y prendront quelques brins de lycopode qu'elles placeront entre les fruits pour en alléger l'effet.

Février.

Pendant le mois de février on peut trouver les mêmes fruits qu'en janvier ; il existe encore un peu de raisin ; parmi les poires, il y a la virgouleuse, le doyenné d'hiver, les pommes de calville blanc, de reinette, de châtaignier, les fruits exotiques, oranges, etc. Les fraises sont beaucoup moins rares, et, vers la fin du mois, le prix commence à en être abordable.

L'espèce qui vient la première (forcée sous châssis) est la marguerite ; elle a malheureusement un désavantage : celui de se meurtrir facilement, aussi les marchands l'enveloppent-ils dans de l'ouate. Elle ne se conserve pas, il faut donc éviter de la toucher ; dans ce cas, et lorsque les fraises sont superbes et viennent d'être cueillies, il est permis de les servir sans les éplucher, placées sur des feuilles dans un compotier. Au mois de février fleurissent les violettes ; on en piquera quelques-unes au milieu des fraises, les deux parfums se mêleront agréablement.

Mars.

A cette époque apparaissent les premières fraises des quatre saisons, cultivées sous châssis, ainsi que l'espèce connue sous le nom de princesse royale. Pour décorer gracieusement une assiettée de ces fruits, il suffit de placer tout autour une rangée de pervenches violettes et de marguerites, en tournant la fleur en dehors bien entendu; ce cercle fleuri est d'un effet fort joli; les fruits doivent autant que possible s'élever en pyramide. Les poires commencent à se faire rares; cependant il reste encore les calillac, le bon chrétien d'hiver, différentes bergamotes, parmi les pommes, la reinette de Canada et le calville blanc; ce sont deux espèces qui, dans un bon fruitier, se conservent jusqu'en juillet.

Avril.

Pendant ce mois les fruits sont à peu près les mêmes qu'en mars, les fraises déjà nommées continuent à donner; on varie la décoration des compotiers en les ornant de primevères, de pensées et de lilas qui est en pleine floraison à cette époque.

Ces fleurs si belles ne peuvent se placer sans inconvénient dans les appartements à cause de l'odeur trop prononcée qu'elles dégagent.

On trouve encore au fruitier comme poires, la bergamote de Pâques et de Hollande, le beurré rancc et le bon chrétien qui se garde jusqu'en juin.

Mai.

Au mois de mai on peut commencer à remplacer les serviettes à dessert des assiettes à fruit par un feuillage quelconque en attendant les feuilles de vigne! On cultive une espèce de mauve dont les feuilles frisées sont fort commodes pour garnir les fruits qu'elles enveloppent comme d'une petite collerette verte ; les fraises chauffées sont en plein rapport, celles de Virginie et le cerisier précoce en espalier commencent à produire ; les cerises s'arrangent de deux façons sur les assiettes : on les place sans apprêt dans tous les sens, en laissant un petit creux au milieu pour y placer un léger bouquet de narcisses ou de primevères. Autrement on les arrange en pyramide en plaçant toutes les queues intérieurement. On pique alors une rose ou une autre fleur de place en place.

Le fruitier se dégarnit de plus en plus ; il s'y trouve encore le catillac, la bergamote de Hollande et les pommes d'api. Ces dernières feront un effet charmant mêlées à des touffes de fleurs variées ou simplement à de la verdure nouvellement poussée.

Juin.

Nous avons à cette époque une grande variété de fruits pour la décoration de la table. Tous ont non seulement la bonté en partage, mais ils offrent un aspect des plus séduisants.

Les framboises, les groseilles, les cerises, les fraises donnent en abondance.

Les fraises, les framboises et les groseilles ont l'habitude d'être épluchées, on ne peut donc les décorer de fleurs ; pourtant à la campagne, où leur fraîcheur n'est pas douteuse, il est reçu de les laisser telles qu'elles viennent d'être cueillies. On peut alors les entourer de fleurs disposées gracieusement sur le bord de l'assiette ou y piquer quelques branches de place en place ! Il faut bien se garder de choisir des plantes vénéneuses telles que l'aconit, etc.

Les poires de petit muscat, et d'amiral Joannet commencent à mûrir.

C'est le moment de placer les fruits sur des feuilles de vigne et de les couvrir presqu'entièrement de fleurs dont on ne manque pas à cette époque. La prune mirobolante fait son apparition.

Juillet.

Le fraisier des Alpes ou des quatre-saisons donne toujours d'excellents fruits, les cerises continuent à mûrir ainsi que les figues ; les framboises, les groseilles à grappe et à maquereau, le cassis, les prunes de Tours, les prunes de Monsieur ; quelques pêches se montrent déjà, et les poires mûres sont celles de cuisse Madame, de muscat Robert, etc.

Un compotier peut être garni avec un mélange de groseilles en grappes, blanches et rouges et de cassis.

Août.

C'est le mois des fruits par excellence, il serait facile d'en nommer un nombre considérable d'espèces. Il y a toujours les fraises des quatre saisons, plusieurs espèces de cerises et de bigarreaux.

Les abricots, les amandes vertes, les pêches de certaines espèces précoces ; de nombreuses prunes parmi lesquelles se trouve la reine claude, de nombreuses poires et des pommes telles que la passe pomme, la pomme d'Astrakan, etc.

Ce nombre varié de fruits permet de composer des assiettées d'un effet délicieux ; on entremêle pommes, poires, prunes et abricots ; chaque fruit est séparé d'un autre par des feuilles de vigne et dans les interstices laissés à dessein, on glisse des petits bouquets de diverses couleurs.

Avec les prunes violettes, les roses pâles sont bien jolies ; il faut les placer avec délicatesse afin de ne pas enlever le velouté du fruit.

Septembre.

Il y a toujours les fraises des quatre saisons, les figues d'automne.

C'est le mois qui nous donne les pêches les plus recherchées : la Madeleine, la grosse violette, l'admirable, etc. Ces fruits sont tellement beaux par eux-mêmes qu'ils ne demandent pas à être ornés ; on peut cependant y mêler quelques roses, mais il faut qu'elles soient fort belles pour ne pas les déparer.

Les prunes donnent en abondance, la reine claude violette, la prune de Damas, la diaprée rouge, etc.

Le chasselas, le raisin muscat et les autres mûrissent en septembre.

Une belle assiette garnie de pêches et de raisin varié est superbe, quelques fleurs éclatantes se piqueront entre les grappes.

Les poires de cette époque sont : les beurrés gris,

beurrés d'Angleterre, le doyenné, l'épine d'été. Dans les pommes nous avons la belle d'août et la reinette hâtive.

Octobre.

Les figues, les prunes, les pêches mûrissent toujours, ainsi que le raisin et les fraises des quatre saisons.

Parmi les prunes on trouve la prune Suisse, parmi les pêches, la violette tardive, la pavie de Pomponne qui est énorme mais mûrit difficilement près de Paris; les raisins de toutes sortes deviennent excellents. Les poires de ce mois sont la crassane, plusieurs bergamotes, le doyenné, le mouille bouche, etc.

Novembre.

Pour avoir des fraises des quatre saisons en novembre il faut les couvrir de chassis; à part le raisin, il ne reste plus que les poires et les pommes. La collection en est variée, il est vrai; elle compte : le Martin-sec, les crassanes, le beurré d'Angoulème, le bon chrétien, le beurré d'Arenberg. Les pommes de cette époque sont : le calville rouge et la reinette du Canada, etc.

Il est inutile de nous répéter pour la décoration des compotiers, il n'y a que les fleurs à varier suivant les époques.

Décembre.

Avec la précaution prise en novembre, le fraisier des quatre saisons donne toute l'année. Les poires d'hiver commencent à mûrir, et le raisin est en bon état au fruitier. Pour le bien conserver, il faut le suspendre dans une pièce sèche et le priver complètement de jour ; il se ride un peu, mais il est quand même dé-

Table garnie de fleurs et de fruits.

licieux. Les poires sont celles de Saint-Germain, d'Angleterre d'hiver ; décembre est le mois des pommes, parmi celles-ci on remarque le calville blanc, le châtaignier, le petit api, etc.

CHAPITRE V

LES FENÊTRES, LES BALCONS, LES PLAFONDS GARNIS
PAR LES PLANTES GRIMPANTES.

Quand on a une maison à la campagne, ou simplement un balcon à Paris ou dans une ville, on peut utiliser les plantes grimpantes d'une façon charmante et tout-à-fait artistique, en garnissant avec leur feuillage les fenêtres, les balcons, voire même quelquefois les plafonds. Pour les fenêtres et les balcons, on fait usage de caisses dans lesquelles on peut planter des arbustes ou semer des graines de différentes espèces telles que : les belles de jour, les capucines, les volubilis, les géraniums à feuille de lierre, les clématites, les jasmins, les rosiers grimpants, les pois de senteur, l'aristoloche siphon, le chèvrefeuille, la gesse, les haricots d'Espagne ; des cordes seront disposées avec des clous, tout autour des fenêtres, et les plantes en poussant s'enrouleront en suivant leur direction.

Nous avons parlé des plafonds garnis de verdure ; les cas dans lesquels cette ornementation peut-être effectuée sont assez rares, mais pour une salle de billard ou autre pièce placée dans un pavillon isolé et au rez-de-chaussée, il est facile de ménager au-dessus des fenêtres une ouverture par laquelle les branches passeront et iront tapisser peu à peu la surface supérieure de l'appartement. Pour cette décoration il faut choisir des arbustes grimpants plutôt que des plantes semées, par exemple : des jasmins, vignes-vierges, lierres, clématites, chèvrefeuille, passiflores, bignone de Virginie, etc.

Il sera utile de seringuer souvent de l'eau sur ces

Chalet avec vigne vierge et plantes grimpantes.

nappes de verdure qui auront besoin d'être rafraîchies fréquemment ; ce procédé les nettoyera en même temps, et empêchera un peu les araignées d'y fixer leur domicile.

A Paris il faut faire attention aux écoulements d'eau de façon à ne pas avoir de contravention.

Il est bien entendu qu'une toile cirée et un trillage

auront été fixés sur le plafond avant que les branches aient commencé à l'envahir.

CHAPITRE VI

LES BOUQUETS, LES CORBEILLES DE FLEURS, FLEURS DESSÉCHÉES, BOUQUETS DE CORSAGES, PIQUETS DE FLEURS POUR LA CHEVELURE, GUIRLANDE DE COU. — COURONNES ET BOUQUETS FUNÉRAIRES.

Il est utile de consacrer quelques lignes aux bouquets et aux fleurs coupées qui tiennent une si grande place dans l'ornementation, je ne dirai pas seulement de l'appartement, puisqu'elles forment aussi une des plus gracieuses et des plus jolies parures féminines et qu'elles sont encore offertes comme dernier souvenir à l'être cher qui nous est enlevé par la mort.

Voyons d'abord ce que l'on entend aujourd'hui par bouquets, car nous ne sommes plus à l'époque ou l'on s'extasiait devant ces paquets de fleurs bien tassées l'une contre l'autre, formant une circonférence bien régulière. Toute personne douée d'un peu de goût s'écriera en les voyant : « Quelle horreur ! » Or aujourd'hui, la légéreté et l'élégance président à l'arrangement d'un vase, d'une corbeille de fleurs. Pour composer un bouquet léger et élégant, remplissez votre vase d'un feuillage quelconque, le plus léger possible : fougères, graminées, feuilles d'asperges, petit houx

(en hiver) et piquez çà et là, une rose, une branche
d'héliotrope, des penstémones, des cuféas, etc., des
feuilles herbacées se marient assez bien avec des
branches de glaïeuls ou des fleurs en grappes. Dans

Rose dans un porte-fleur.

les corbeilles elles seront placées dans de la mousse
bien mouillée.

Quand on offre un bouquet à quelqu'un, pour le faire
voyager, il est préférable de ne pas l'entourer de
feuillages légers ou délicats qui se fanent très vite; le
rustique vaut mieux dans ce cas. Il est assez difficile
d'avoir des fleurs en toutes saisons, à moins de se
procurer celles qui nous sont envoyées du Midi et qui

nous font envier souvent le sort des heureux habitants de ces contrées favorisées du soleil ; mais tout le monde n'est pas à même de se donner ce luxe, on peut alors avoir recours aux fleurs sèches qui se conservent presque indéfiniment ; en les mélangeant adroitement on obtient de charmantes garnitures qui atténuent la privation que nous impose la nature pour nous dédommager au printemps. Beaucoup de graminées s'harmonisent avec les rhodantes ; les brises et les agrostis sont l'idéal de la légèreté ; les immortelles gardent aussi leurs couleurs, mais elles éveillent généralement des idées peu gaies et leur place est plutôt sur une tombe qu'à la maison. Il nous reste encore comme fleurs conservées, les staticés si gracieux avec leurs fines grappes mauves ; en Belgique et en Hollande on en trouve en grande quantité, et pour une somme des plus minimes on peut s'en procurer tout une botte. Le houx se tient très longtemps frais et garnit fort bien les grands vases. En Angleterre, la coutume veut qu'un bouquet de houx soit placé au-dessus d'une porte le jour de Noël et que tous les couples qui la franchissent s'embrassent ; cette habitude tend à se répandre aussi en France dans le monde élégant.

Pour un dîner, il est quelquefois d'usage de porter un petit bouquet appelé bouquet de corsage ; quand on a recours aux fleuristes pour la fourniture de cette parure, surtout aux fleuristes en renom, c'est une fantaisie qui revient excessivement cher. Il est bien facile de confectionner soi-même cette petite coquetterie. Il suffit de se procurer quelques fougères et quelques fleurs du Midi, dans les marchés ; on place les fougères

sur une ou deux petites branches d'arbre très fines,
que l'on dispose en raquette, on les assujettit avec du
fil de fer, puis les fleurs sont posées une par une bien
à plat, en les séparant par des brindilles de verdure et
en ayant soin que le bouquet prenne une forme allongée; quand on a obtenu la grandeur et la forme

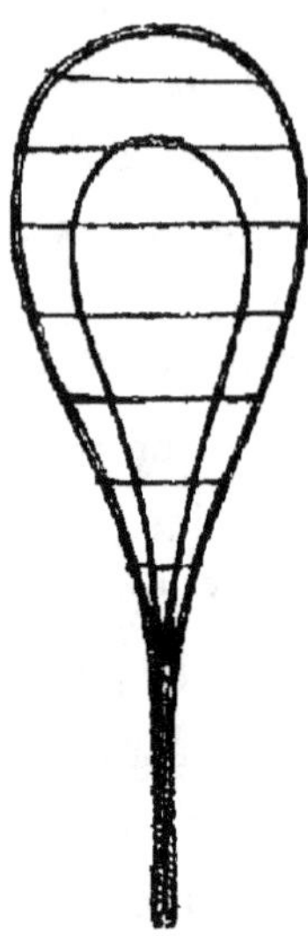

Monture d'un bouquet de corsage.

voulue, on dissimule les queues avec un nœud de ruban
assorti à la toilette que l'on doit porter. Ce bouquet
doit se placer dans un petit carton, entre deux feuilles
d'ouate, jusqu'au moment de s'en parer. Pour le cou
et la coiffure, on dispose les fleurs en guirlande en les
attachant à la suite les unes des autres sur quelques
longs brins de jonc qui se plient à volonté. Des guirlandes de violettes de Parme pour les jeunes femmes
et des guirlandes blanches pour les jeunes filles sont
charmantes.

Il existe des petits tubes de verre munis d'un crochet, pour placer les fleurs soit au corsage, soit dans les cheveux; le tube est rempli d'eau ou de coton mouillé

Bouquet de corsage monté.

et se dissimule facilement; par ce moyen, les fleurs restent fraîches au grand étonnement de tous.

Nous avons parlé d'immortelles; ces fleurs se montent sur des fils de fer et forment des bouquets pour les cimetières; voici comment il faut s'y prendre pour les monter. On achète des petits paquets de fils de fer coupés par morceaux de la même longueur, ces fils doivent être très malléables; lorsque l'on a enfoncé l'extrémité inférieure de cette tige dans le cœur de la fleur, on la tire après avoir formé un petit crochet à l'autre extrémité; ce crochet s'enfonce dans la partie charnue et l'opération est faite; il faut choisir autant que possible des immortelles en bouton; elles durent plus longtemps et le fil qui les traverse demeure invisible. On réunit ensuite toutes les fleurs montées et le bouquet une fois formé est entouré de feuilles artificielles, il se conserve alors un temps indéfini. A la place de bouquets, il est facile de disposer les immortelles en couronnes en les piquant sur des moules de paille recouverts de mousse qu'il est facile de se procurer chez toutes les bouquetières.

Ces mêmes moules peuvent être recouverts par toutes sortes de fleurs aussi bien que par des immortelles.

CHAPITRE VII

LES FLEURS A LA MODE. — LES ORCHIDÉES, LES CHRYSANTHÈMES, LES VIOLETTES, LES ROSES, LES MIMOSAS ET LES FLEURS DU MIDI, LES CYCLAMENS.

Toutes les fleurs sont belles, toutes les fleurs sont précieuses, toutes les fleurs sont aimées! Telle personne a une préférence pour la rose ou pour la violette, ou pour le jasmin; mais si toutes les fleurs sont aimées, elles ne sont pas également de mode, ou pour mieux dire on ne parle pas de toutes les fleurs comme on le fait de certaines d'entre elles qui sont en faveur depuis quelques années. Nous allons les passer en revue les unes après les autres; commençons par les orchidées,

Violettes et muguet.

ces merveilles de la création, ces fleurs devant lesquelles on s'arrête en rêvant et en se demandant, si elles ne tiennent pas à la fois du papillon, de la mouche ou de l'oiseau. Que de variétés on rencontre et quels prix n'atteignent-elles pas !... Parmi ces plantes, il en est d'importation récente qui peuvent se cultiver assez facilement ; on les dispose dans des bûches de bois rustique recouvertes de mousse ; on place ces **jardinières** improvisées dans des coins, ou on les suspend en l'air, c'est d'un effet merveilleux. Les orchidées se trouvent à peu près dans tous les pays, excepté **dans** ceux qui se rapprochent de la zone glaciale ; dans nos contrées, ces plantes croissent dans les endroits humides ; sous les tropiques, c'est sur les arbres qu'elles prennent naissance et n'ont aucun contact avec la terre.

L'Angleterre et la France ont dix espèces d'orchidées indigènes ; la vanille est de la même famille. Ce sont les plus précieuses des fleurs cultivées, les unes pour leur beauté, d'autres pour leur parfum. Les ressemblances qu'elles affectent sont quelquefois merveilleuses ; dans certaines espèces, les fleurs sont semblables à une grosse araignée, ou à différents insectes ; dans l'oncidier papillon, par exemple (*oncidius papilio*), on croirait voir un papillon merveilleux.

Les riches amateurs de fleurs ont souvent une passion pour les orchidées, et ils payent des prix incroyables les beaux échantillons d'espèces rares. Ces plantes n'atteignent que fort lentement une grande taille ; on les recherche dans la décoration florale, non seulement pour leur beauté, mais encore pour la durée de leur floraison.

Les chrysanthèmes sont originaires du Japon où nous ne les reconnaîtrions pas à côté des variétés et des échantillons que nous possédons ; encore ne faut-il pas nous plaindre, mais bien plutôt nous extasier en considérant les prodiges que les horticulteurs ont opéré sur cette plante qui était, il y a quelques années encore, vulgaire et monotone! Aujourd'hui, on peut la comparer à une chrysalide devenue papillon. Quelle variété, quelle grâce, quelle originalité, se trouvent réunies dans les chrysanthèmes, et quels coloris!

C'est, à ma connaissance, une des fleurs des plus décoratives et des plus belles; il en est quelques espèces d'un blanc immaculé dont les pétales sont si légers qu'on dirait de fines plumes d'oiseau! Il n'y a pas moins de mille espèces de chrysanthèmes; il en est qui fleurissent à la fin de l'été, d'autres en automne, ces derniers peuvent se conserver enveloppés soigneusement dans du papier et placés dans une cave. On groupe ceux qui fleurissent en automne suivant la forme des fleurs. Les variétés les plus recherchées sont les japonaises, pour leur légèreté et leur couleur; puis viennent les chinoises à la forme régulière les faisant ressembler à des reines-marguerites, les chrysanthèmes pompons sont beaucoup plus petits et moins délicats que les précédents.

Si nous nous occupons si longuement de ces plantes et de celles qui vont suivre, c'est qu'à l'époque actuelle la mode les a fait ressortir et qu'on les emploie beaucoup pour la décoration des appartements.

Qui ne connaît et n'aime les violettes, cette fleur si répandue dans toutes les classes de la société!... C'est l'emblème de la modestie, la fleur qui sied à tous les âges, à toutes les conditions; elle croît à peu près sous tous les climats et tous les peuples sont heureux de la posséder. Il en existe différentes espèces : nous avons d'abord la violette des bois, qui nous fait tressaillir d'aise quand au printemps nous l'apercevons se cachant sous les touffes d'herbe fraîchement éclose ; c'est une des premières fleurs des beaux jours ; la violette des Pyrénées, la violette des quatre saisons dont on trouve à acheter des bouquets pour quelques sous, on peut en remplir des corbeilles en entourant le tout de mousse ; il existe plusieurs variétés de cette espèce, les unes à fleurs simples, les autres à fleurs doubles, à fleurs blanches, d'autres rouges ou violettes ; la violette russe ou du Czar est remarquable par la longueur de sa tige et le développement de sa magnifique corolle ; enfin la violette de Parme, la plus délicate et la plus parfumée, se cultive en pot, sous châssis. Un pot de cette espèce de fleurs suffit pour répandre un doux parfum dans une pièce. En bouquet elle donne un air de fête et d'élégance à l'appartement qu'elle garnit.

Les roses sont toujours recherchées et se maintiennent à leur rang de reines des fleurs ; en effet, quoi de plus délicieux qu'un bouquet composé de quelques-unes d'entre elles !... Tout leur a été donné en partage : la grâce, la beauté des formes, la couleur et le parfum. Que de nombreuses variétés, depuis le Paul Neyron à l'aspect majestueux, jusqu'à la mignonne rose pompon qui semble avoir été faite tout exprès pour les bébés aux cheveux blonds. Nous avons différentes catégories parmi ces fleurs : les roses thé, auxquelles appartiennent la France, Homère, la gloire de Dijon, le maréchal Niel, Safrano, l'étoile de Lyon, etc., les roses de l'île Bourbon, comprenant : le souvenir de la Malmaison, madame Pierre Oger, reine Victoria, etc.. Les roses hybrides du groupe desquelles font partie quelques-unes des plus jolies, savoir : capitaine Christy, général Jacqueminot, Paul Neyron, baronne A. de Rothschild, Jules Margottin, etc.

Enfin, les roses noisettes, assez délicates, dont voici quelques noms : Ophirie, Aimée Vibert, Bouquet d'or, Rêve d'or ; puis les roses du Bengale qui nous offrent les premières leurs fleurs écloses dès le commencement des beaux jours. Il nous reste encore la rose capucine, la rose pompon, celle à cent feuilles, la rose moussue et la rose de Provins.

Comme fleur ornementale, la rose est merveilleusement belle et n'a besoin d'aucun autre feuillage que le sien pour relever son éclat. Un panier de roses est de la dernière élégance, un bouton de rose comme parure a son charme et sa simplicité.

En terminant ce chapitre, il nous reste à parler encore des plantes qui nous sont envoyées du Midi et qui nous font tant de plaisir à respirer et à admirer quand nous ne pouvons nous en procurer d'autres.

Le mimosa par exemple, si joli et si décoratif tout à la fois ; il en existe plusieurs espèces ayant toutes la même fleur mais dont le feuillage est différent. Bien disposé dans des vases, il garnit une pièce et dure longtemps ; il est prudent de se méfier du parfum qu'il répand autour de lui car il est susceptible de donner de violents maux de tête. Le mimosa paraît avoir acquis, depuis quelques années la faveur du public parisien.

A côté du mimosa, nous rencontrons, nous venant encore du Midi, certaines anémones, des jacinthes blanches, des roses safranées, des narcisses, et enfin des cyclamens, cette ravissante fleur d'un violet tirant sur le rouge, et qui remplace sur les montagnes les violettes de nos bois; les cyclamens des Alpes nous sont envoyés de la Savoie, on en récolte à profusion dans les environs d'Aix-les-Bains!

Les oignons de cyclamens peuvent se cultiver en serre et dans les appartements, le feuillage en est aussi joli que la fleur.

Il y a plusieurs espèces de cyclamens; le cyclamen d'Europe ou des Alpes est le plus petit, le cyclamen de Perse ou d'Alep est fort beau et présente de grandes variétés de couleurs; la culture en est assez facile, il fait très bien dans une jardinière délicate et précieuse.

CHAPITRE VIII

LES CADEAUX DE FLEURS

Quand nous sommes embarrassés pour faire un cadeau, les fleurs peuvent nous être d'un grand secours, car elles seront toujours bien accueillies par les personnes à qui nous les offrirons. C'est une mode très heureuse puisqu'il est facile de se procurer des plantes de toutes les catégories, de toutes les espèces! Si nous en avons les moyens ou que nous voulions offrir une chose de valeur, nous n'avons qu'à faire notre choix; parmi les orchidées nous avons l'oncidium marshallianium, la masdevalia veitchina, la cypripedium ciliolare, ou sabot de Vénus ; puis les nepenthes, ces bizarres carnivores qui se suspendent dans des caisses à claire-voie ; les anthuriums, les palmiers parmi lesquels certaines variétés sont fort jolies : le cycas revoluta, le corypha australis, le carludovica palmata.

Nous avons encore les ficus, les araucarias, les aspidistras, de nombreux bégonias, les dracœnas ; en fait d'arbustes fleuris : les camélias, les azalées, les gardenias, les deutzias nous tenteront tour à tour, et parmi les plantes, nous serons embarrassés pour fixer notre choix entre les cyclamens, les anémones, les jacinthes, les campanules, les anthémis, les primevères de la Chine, les œillets, les calcéolaires, etc.

Il faut considérer l'âge, la position et le goût de la personne à qui l'on doit offrir une plante. Avec la fleur on peut offrir la jardinière. Une orchidée de grande valeur peut se donner dans un panier de jonc, aussi bien qu'une jacinthe de quelques sous n'est pas déplacée dans un vase de Saxe ou de Sèvres d'un prix très-élevé.

A toutes les époques de l'année on trouve des fleurs à offrir, cette considération n'est pas non plus à dédaigner.

Après les quelques conseils que nous venons de donner à nos lecteurs, nous voudrions leur offrir la liste complète de toutes les plantes qui feraient bon effet pour l'ornementation des maisons et des appartements. Ce travail serait un peu trop long, car cette liste est immensément vaste, nous nous bornerons à leur indiquer quelques noms dans chacune des catégories que nous leur citerons et que nons avons classées, non pas au point de vue botanique, mais au point de vue ornemental :

1° Plantes ornementales de haute taille et à feuillage décoratif ;

2° Palmiers, dattiers, cocotiers, fougères, etc. ;

Pensées.

3° Plantes et arbustes de taille moyenne pouvant convenir pour la garniture des jardinières diverses ;

4° Plantes de petite taille pouvant aussi servir de bordure ;

5° Plantes bulbeuses, plantes à oignons ;

6° Plantes grimpantes ;

7° Plantes grasses, plantes aquatiques.

Si le choix que nous avons fait n'est pas suffisant, il est facile d'y suppléer en cherchant dans tous les catalogues d'horticulteurs.

CHAPITRE IX

PLANTES ORNEMENTALES DE HAUTE TAILLE
ET A FEUILLAGE DÉCORATIF

Les *Cycas* (famille des Cycadées) sont des arbres originaires du Japon qui atteignent environ 2 à 3 mètres de hauteur; les feuilles sont disposées en couronne autour du tronc, ce sont des feuilles pennées d'un beau vert foncé très brillant. Le port majestueux et léger tout à la fois de ce magnifique arbuste, lui donne l'aspect d'une superbe fougère.

On doit les cultiver dans la terre de bruyère qui sera changée tous les deux ans environ. L'arrosage de cette plante sera modéré pendant l'hiver.

Les cycas seront placés dans des bacs et orneront très bien les coins d'un salon, ou le devant d'une fenêtre. Une draperie de velours foncé ou de peluche s'harmonisera à merveille avec leur feuillage.

Araucaria (famille des Conifères). — Cet arbre qui atteint en Australie jusqu'à 40 ou 50 mètres, est un des plus recherchés pour l'ornementation quand il est jeune. Sa forme, ses rameaux légers expliquent facilement le choix dont il est l'objet; il se porte bien dans les salons et ne craint pas trop les changements de température. Il y a un certain nombre d'espèces d'araurias, l'araucaria excelsa est le plus cultivé. Ce qui fait la beauté de cet arbuste, c'est la grande régularité de ses formes, aussi faut-il l'entourer de beaucoup de précautions, afin de garder intactes les extrémités de ses branches. Si l'araucaria est petit, il peut être placé sur une table, dans une jardinière en faïence de Gien ou en cuivre repoussé.

Aspidistra. — Nous continuons à nous occuper des arbustes dont le feuillage seul est décoratif; l'aspidistra est un de ceux-là; il appartient à la famille des Liliacées et est originaire d'Asie. Peu de plantes sont aussi précieuses que l'aspidistra pour la décoration; il peut supporter la sécheresse, les changements de température, la poussière, etc.; aussi est-il très répandu et fort connu de tout le monde. Son feuillage est beau et très décoratif, il garnit à lui seul (si la touffe est belle) une jardinière quand on n'a pas autre chose pour la remplir, ce qui est quelquefois précieux en hiver; il s'accommode de tous les cache-pots et n'est déplacé nulle part.

Fusain du Japon (famille des Célastracées). — Le fusain est une plante dont le feuillage est très ornemental et très varié. Sa rusticité est à l'épreuve, et, comme l'aspidistra, il est le bienvenu quand les autres plantes et fleurs font défaut.

Il est mieux placé dans des jardinières rustiques que dans des vases très élégants.

L'*Aucuba japonica* (famille des Cornacées) est un arbuste très rustique dont le feuillage et les fruits sont d'un bel aspect; il est très décoratif, mais il manque un peu de grâce et de légèreté, aussi devra-t-il être employé pour masquer un endroit plutôt que pour le décorer.

Le *Balisier* ou *Canna* (famille des Cannacées), est

une plante à beau feuillage, et très recherchée. On en connaît de nombreuses variétés; les fleurs de quelques-unes d'entre elles sont remarquablement jolies et élégantes; les horticulteurs sont parvenus à obtenir une espèce géante qui est de toute beauté.

Leur floraison dure du mois de juillet au mois de novembre; comme il existe des cannas de différentes grandeur, ils peuvent se placer à volonté dans différents endroits.

Les fleurs en sont rouges ou jaunes.

Pendant leur végétation, ces plantes demandent de copieux arrosages.

Nous aurions pu les placer parmi les plantes tubéreuses, mais leur port majestueux nous a fait les mettre au nombre de la végétation à grand feuillage. Quand les gelées arrivent, on arrache les tubercules des cannas, en ayant le soin d'y laisser la base des tiges et on les place dans un endroit bien sec et peu froid, afin de les replanter à la fin du mois de mai.

Ficus elastica (famille des Artocarpées). — C'est parmi les arbustes du genre des ficus que se trouve celui dont nous nous occupons en ce moment et qui est si connu sous le nom de caoutchouc. C'est lui qui fournit une substance laiteuse et élastique qui porte son nom.

Cette plante a une grande élégance et est très facile à cultiver, aussi est-elle très répandue. Ses feuilles sont toujours régulières et quelquefois pendantes.

La terre de bruyère convient au caoutchouc, il faut l'arroser avec modération et toujours l'exposer au grand jour, sous peine de voir sa tige s'étioler et ses feuilles passer du vert au jaune. Il est utile de les laver souvent.

Eucalyptus (famille des Myrtacées). — Depuis un certain nombre d'années, cet arbre a été importé d'Australie dans le midi de la France, en Algérie, aux environs de Rome, en Espagne, et il a apporté de grands bienfaits aux contrées insalubres qu'il a complètement assainies, grâce à ses propriétés balsamiques. C'est pendant sa jeunesse qu'on l'emploie comme plante d'agrément, il est joli, gracieux, et le vert bleu de son feuillage est d'une nuance délicate. Son odeur est agréable, mais très prononcée. L'eucalyptus globulus peut être placé dans une jardinière ou un cache-pot assez élégant.

Laurier-rose (famille des Apocynées). — Le laurier-rose, ce bel arbrisseau, est considéré maintenant comme une plante assez vulgaire ; il orne un peu trop les portes des marchands de vin. Les fleurs en sont fort jolies et d'une couleur très pure, mais son aspect manque d'élégance au point de vue décoratif.

Néanmoins, comme le laurier-rose ne nécessite pas de trop grands soins et comme il reprend facilement par bouture, il est bon de le cultiver. Il vit l'hiver dans n'importe quelle pièce et se trouve bien de toutes les températures, qu'elles soient chaudes, froides, sèches ou humides. L'été il exige beaucoup d'eau.

Hortensia. — L'hortensia, appelé aussi (rose du Japon) est de la famille des Saxifragées. Il atteint à peu près la hauteur d'un mètre.

Sa forme en boule est très ornementale et ses feuilles

souvent panachées ne manquent pas de beauté.

La fleur de l'hortensia est superbe et énorme, elle passe successivement du rose au bleu et ensuite au blanc quand elle est fanée; c'est de juillet à octobre qu'a lieu la floraison.

Les hortensias font particulièrement bien dans des vases de fine porcelaine.

Véronique (famille des Scrophulariées). — La véronique est un arbuste qui nous vient de l'Australie; ses feuilles sont vert foncé et très brillantes, ses fleurs violettes se réunissent en épi. Comme soins, la véronique n'est pas difficile; il suffit de la mettre à l'abri dans une pièce quelconque, chauffée ou non; on doit l'arroser avec modération; elle est assez décorative, mais compte parmi les plantes médiocrement élégantes.

Camélia (famille des Ternstrœmiacées). — Le camélia est une plante facile à garder dans un appartement, car elle ne nécessite que peu de soins; elle supporte plusieurs degrés au-dessous de zéro. Les fleurs naissent au mois de janvier, mais dans une serre elles sont plus hâtives. Dans toutes les serres et les orangeries les camélias ont leur place. On arrive à leur faire prendre toutes les dispositions voulues. La fleur du camélia est impeccable comme forme, mais son aspect est froid et trop uniforme; longtemps les dames ont porté des camélias comme parures exclusives pour les bals et les soirées. Un arbuste de cette espèce couvert de fleurs fait bien dans un salon. Il ne faut pas l'exposer en plein soleil et les arrosements peu copieux mais fréquents lui sont nécessaires.

Azalée (famille des Éricacées). — Les azalées sont les plantes à fleurs par excellence, elles donnent un air de fête et d'élégance à la pièce dans laquelle elles séjournent. Il y a plusieurs espèces d'azalées susceptibles d'être cultivées dans nos climats; ce sont les Azalées de l'Inde les plus renommées; dans ce pays comme en Chine et au Japon, c'est par centaines qu'on compte les espèces. A Paris on les trouve sur tous les marchés pendant l'hiver, c'est-à-dire de décembre à juin; elles affectent diverses formes et atteignent différentes hauteurs, aussi peuvent-elles convenir à des décorations variées, pourvu qu'elles soient toujours exposées à la lumière. Il ne leur faut pas une grande chaleur, mais beaucoup d'eau; éviter de les mettre à l'air pendant leur floraison.

Les azalées demandent à être placées dans des vases élégants : les porcelaines chinoises ou les cache-pots couverts de soieries les rendent encore plus brillantes et plus gracieuses.

Myrtes (famille des Myrtacées). — Ce ravissant petit arbuste se cultive en pleine terre dans une partie de la France, au sud et à l'ouest.

Son feuillage est on ne peut plus joli et ses fleurs d'une délicatesse extrême; il atteint à peine un mètre quand il est cultivé en pot. La floraison du myrte a lieu en été. Sa place est tout indiquée dans des jardinières en bambous ou en bois doré, pourvu qu'elles soient délicates et gracieuses.

Anthemis (chrysanthème frutescent). — L'anthémis est originaire des Canaries; ses fleurs rappellent celles des grandes marguerites des prairies. En été elle vient en pleine terre. La culture de l'anthémis en pot à donné des résultats merveilleux, cet arbuste devient très grand, très fourni ; lorsqu'il est couvert de ses jolies fleurs blanches, il offre un aspect ravissant ! Dans une maison où il y a des jeunes filles un salon décoré d'anthémis est très élégant, on met au cache-pot un collier de ruban blanc qui achève l'effet.

Caladiums (famille des Aroïdées). — Les caladiums sont de belles plantes d'ornement et d'appartements qui possèdent un feuillage merveilleux ; il faudrait plusieurs chapitres pour célébrer leur beauté ! Leurs feuilles sont fort variées. Tantôt on dirait de la soie miroitant au soleil, tantôt du velours magnifique ; joignez à cela une variété inouie de dessins dans le tissu même de la feuille, et vous n'aurez qu'une faible idée de cette luxueuse plante.

Les caladiums sont originaires d'Amérique, mais depuis leur introduction en Europe, ils ont atteint un haut degré de perfection. Il est préférable, de les cultiver dans une serre modérement chauffée si l'on doit les placer ensuite dans la maison.

Ces plantes exigent des soins assidus et minutieux, il ne faut pas aérer ni nettoyer la pièce où ils sont placés sans avoir le soin de les enlever avant. Une température de 16 à 25 degrés leur est nécessaire.

Begonia rex (famille de Bégoniacées). — De tous les bégonias, et ils sont nombreux, c'est le bégonia rex qui convient le mieux à l'ornementation ; ses feuilles, rouges à la face interne, sont vertes à la face externe et ont un aspect moiré des plus heureux.

C'est à l'ombre qu'il faut placer les bégonias, jamais

en plein soleil ; ils se cultivent dans la terre de bruyère mélangée à un peu de terreau.

Comme arrosage, il faut être généreux pendant la végétation, mais ensuite très modéré. Ne jamais mouiller les feuilles de cette plante sous peine de la faire périr ; on peut la placer dans n'importe quelle jardinière, elle va aussi bien avec la simplicité qu'avec la richesse, du reste, ses feuilles retombent souvent et cachent le vase qui la contient.

Mimosa pudica (sensitive) (famille des Légumineuses). — Cette plante qui est d'une délicatesse extrême est bien connue par la propriété qu'elle a, et à laquelle elle doit son nom de sensitive. Ses feuilles ont la faculté, de se rabattre aussitôt qu'elles subissent un contact, quelque minime qu'il soit ; un souffle suffit pour faire abaisser la feuille toute entière.

C'est une plante annuelle très délicate, il ne faut pas la toucher souvent ni la mettre en courant d'air sous peine de la faire périr.

La sensitive sera à sa place dans un vase de Saxe ou dans un cache-pot élégamment confectionné.

Grenadier (famille des Granatées). — Le grenadier qui produit en Espagne et en Italie le fruit délicieux appelé grenade est cultivé en France comme plante d'ornement. Ses fleurs rouges et bien fournies sont très jolies et se montrent à la fin de l'été. On conçoit facilement la passion qu'elles inspirent aux femmes espagnoles dont elles ornent souvent la chevelure noire.

Le grenadier ne réclame pas de soins particuliers, pendant l'hiver il suffit de le mettre à l'abri du froid. Sa place est dans une jardinière de cuivre.

Laurier-Tin (famille des Caprifoliacées). — Cet arbuste est rustique dans le midi et dans l'ouest de la

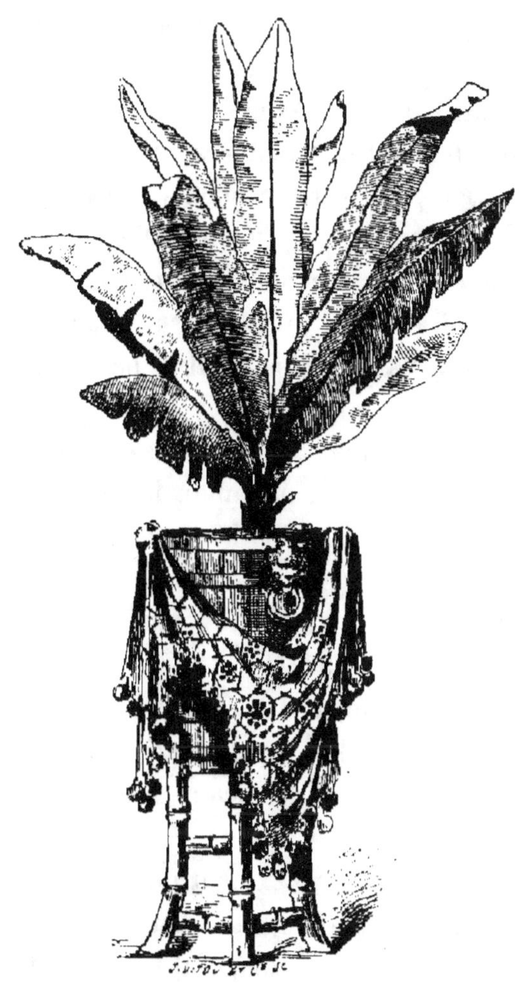

Musa ensete dans un bac en bois drapé d'étoffe.

France, mais à Paris il faut le rentrer pendant les froids. Ses fleurs blanches réunies en bouquets sont fines et jolies; son feuillage est peut-être un peu sombre, aussi fera-t-on bien de le placer en pleine lumière dans un appartement, et d'en égayer l'aspect par le voisinage d'objets aux couleurs vives et brillantes.

Pandanus (famille des Pandanées). — Le feuillage des pandanus est très décoratif, malheureusement, ces plantes sont des pays exotiques : de Java, de Madagascar, et elles demandent une température chaude et humide qui ne se rencontre surtout que dans les serres ; néanmoins quelques espèces peuvent rester dans les pièces habitées si l'on a le soin de les arroser copieusement et de bien choisir l'endroit où elles seront placées. L'une des plus recherchées de l'espèce est le pandanus Vietchi.

Arums. — Ces belles plantes vivent fort bien dans les appartements, mais il est nécessaire de les arroser très copieusement et de ne jamais les mettre à l'ombre sous peine de les voir dépérir avec une effrayante rapidité.

La fleur de l'arum affecte la forme d'un cornet et est d'une blancheur immaculée.

Comme ces plantes vivent dans l'eau la plupart du temps, il faut avoir le soin de placer au fond du bac un plat profond rempli d'eau que l'on renouvelle chaque jour.

Ixoras. — Les ixoras exigent une certaine chaleur et une certaine humidité, ils prospèrent et fleurissent dans les serres à la même température que les Orchidées ; ils peuvent donc trouver leur place dans la décoration des appartements ; leurs feuilles doivent être lavées souvent, on doit aussi les visiter afin d'en éloigner les cochenilles, les kermès et autres animaux qui proviennent des serres.

Les ixoras ont environ un mètre de hauteur, leur feuillage est somptueux et leurs fleurs d'une élégance particulière; elles sont blanches lavées de rose et répandent une odeur des plus agréables.

Rhodoleia championi. — Cette belle plante qui nous vient de Chine demande la même culture et les mêmes soins que les camélias, elle est bien à sa place dans les salons riches et élégants.

Chorozème à fleurs jaunes. — L'élégance des fleurs et du port de cet arbuste ravissant est connue de tous les amateurs de plantes d'appartement, où il vit fort bien, puis qu'il s'élève en serre froide ou tempérée; il a des feuilles rigides qui rappelent un peu celle du houx, et ses fleurs richement colorées se succèdent pendant fort longtemps. Les chorozèmes seront placés à la lumière et dans une pièce bien aérée. Par la légèreté de leur feuillage, ils conviennent aux salons élégants, mais d'un goût peu sévère.

Anigosanthe à fleurs pourpres. — Ces plantes sont très ornementales; elles étonnent par la singuralité de leur fleurs qui ont un aspect des plus bizarres; leur coloris est vague et peu éclatant. Elles peuvent se placer dans des salons ou dans des pièces contenant de nombreuses chinoiseries, des choses indiennes, elles ajouteront un cachet d'originalité à la pièce.

En hiver, ces plantes ne craignent que l'humidité; il faut donc les arroser fort peu et les maintenir dans un endroit jouissant de la lumière du jour.

Rosage à fleurs de jasmin. — Cet arbuste appelé encore Rhododendron excite l'admiration de tous; il a des admirateurs enthousiastes et mérite effectivement leurs éloges par son beau feuillage vernissé ; ses fleurs superbes et de couleurs si brillantes et si variées, sont disposées en corymbes. Il a sa place tout indiquée dans un grand salon ou dans une galerie ; il faut planter le rhododendron dans des vases étroits bien drainés et remplic de terre sablonneuse.

Gordonie de Java. — La gordonie est étroitement alliée à la famille des Thés, c'est un charmant arbrisseau à la forme élancée, aux feuilles d'un beau vert.

Ses fleurs blanches sont relevées par les étamines d'un jaune d'or superbe. Cette plante, comme l'indique son nom est originaire de Java où elle croît sur les hautes montagnes ; elle n'est pas délicate sous le rapport de la température, mais elle demande une terre légère et substantielle tout à la fois.

Calanthe masuca. — C'est en Angleterre que cette superbe plante fut apportée pour la première fois de l'Inde, elle conviendra particulièrement dans les jardins d'hiver. C'est une orchidée des plus belles. Ses nombreuses fleurs lilas au long éperon forment un effet gracieux. Elle est terrestre et ne se contenterait pas d'un morceau de cruche avec un peu de terre ; il lui faut un grand vase rempli de terreau de bruyère ; arrosages peu nombreux en hiver, abondants en été : elle demande à être placée en pleine lumière.

Hoya à feuilles jaunâtres. — L'hoya est originaire de l'Inde et nous a été apporté pour la première fois en 1850 ; ses fleurs sont d'un beau jaune et le milieu forme une étoile rose fort jolie.

Cette plante peut prendre des formes variées comme celle d'un éventail, d'une pyramide, d'une boule, étant disposée sur un treillis en métal ; elle craint le froid et l'humidité en hiver.

Oncidie à fleurs maculées. — Le genre Oncidium est celui qui produit le plus grand nombre d'espèces d'orchidées ; elles sont douées d'un coloris superbe et bigarré, et ont une longue durée et une agréable odeur ; ces espèces ont entre elles un tel air de famille qu'il est impossible de s'y tromper. Ces plantes sont toutes d'un prix fort élevé et vont bien dans les salons et les boudoirs élégants et riches.

L'oncidie à fleurs maculées ne vient pas sur bois mais en pot avec du terreau de bruyère.

Bouvardia à fleurs lisses. — Cette plante se recommande par une stature robuste, son beau feuillage et ses nombreuses fleurs d'un rouge vif ; il faut la cultiver dans la terre meuble et l'arroser avec abondance pendant la belle saison ; à l'approche des froids, la tenir à l'abri, car elle a besoin de chaleur. Le bouvardia est mieux à la salle à manger qu'au salon, si ce dernier est luxueux.

Myrte tomenteux. — Le myrte tomenteux est un vieil habitant de nos serres que les nouvelles découvertes avaient fait presque oublier, il est pourtant fort beau et très méritant. Ses fleurs sont immenses en comparaison de celles des myrtes ordinaires ; elles sont rouges et ne deviennent blanches qu'en vieillissant. Cet arbuste demande une température élevée et des soins assidus.

Il y a encore une foule de plantes à feuillage ornemental, nous nous bornerons aux quelques noms que nous venons de citer ; les chrysanthèmes, dont nous avons parlé dans un chapitre spécial sont aussi jolis en pot qu'en bouquet et trouvent leur place dans les salons comme ailleurs.

CHAPITRE X

PALMIERS, DATTIERS, COCOTIERS, FOUGÈRES.

Nous classons ensemble ces quatre catégories de plantes, parce qu'au point de vue ornemental elles ont un effet à peu près analogue; parmi elles cependant, il y en a de différentes tailles, puisque nous avons les palmiers nains et les palmiers géants, les fougères énormes et celles d'étagères; mais comme les petits palmiers de même que les grands portent le même nom, nous donnerons à peu près la dimension des sujets en même temps que leur description.

Palmiers. — C'est parmi cette espèce de plantes que se trouvent les genres qui ornent de la façon la plus élégante nos appartements; les palmiers sont en grand nombre dans les pays chauds, mais nous avons quelques espèces qui viennent dans le midi de la France; on peut les conserver assez longtemps dans des bacs ou des caisses en bois. On les cultive dans de la terre de bruyère mélangée à de la terre ordinaire. Il faut les arroser assez souvent pendant la belle saison et ne pas trop les exposer au grand air, ni à un soleil ardent.

Parmi les palmiers les plus jolis on trouve : le *cha-*

mærops excelsa qui est assez rustique ; on le rencontre chez beaucoup d'horticulteurs, et il décore fort bien un salon ou une pièce d'aspect grandiose et sévère. A côté du chamærops excelsa, nous avons encore le chamæ-rops fortunei aussi rustique et très joli.

Le *kensia* est un palmier des plus résistants et des plus faciles à soigner dans les appartements, il faut surtout craindre pour lui l'air desséché, il doit être arrosé de temps en temps. Il y a plusieurs kensia : le sapida, le belmoreona, le forsteriana, qui a une forme plus élancée que les autres et pour cette raison est plus élégant.

Le *Palmier nain* (chamærops humilis) est générale-ment peu élevé, mais ses feuilles, en forme d'éventail sont très gracieuses tout en étant un peu raides.

Le *Livistonia* (famille des Palmiers) est très admiré et très recherché pour la décoration des appartements, ses feuilles, d'un vert foncé, sont supportées par de longs pétioles armés d'épines assez dures et assez dan-gereuses.

Le *Latania borbonica* est aussi un palmier très connu ; il devient fort élevé dans les hautes serres, mais tout jeune, il vit on ne peut mieux dans les maisons qu'il garnit d'une façon majestueuse. Ses nombreuses feuilles sont d'un joli vert pas trop foncé.

Parmi les palmiers décoratifs, il faut encore citer : les cocos, tous plus jolis les uns que les autres ; le phœnix canariensis, dactilyfera, le sabal, le thrinax argentea, etc. Leur légèreté est merveilleuse et leurs feuilles aussi gracieuses que possible. Les jeunes cocos sont de mignonnes plantes qui peuvent orner sans les déparer de petits vases de grand prix.

Les *Dracœnas* sont de superbes plantes décoratives, malheureusement leur délicatesse s'oppose à un long séjour dans les appartements ; quelques-unes néanmoins peuvent y demeurer pendant un temps plus ou moins long, ce sont : le dracœna gloriosa, le panaché, le dracœna amabilis, imperialis, etc.

Les panachés sont plus susceptibles que les autres; les feuilles de ces plantes ont besoin d'être lavées avec soin.

Fougères. — Il y a parmi les fougères un nombre incalculable d'espèces; toutes sont douées de la beauté, de la grâce et de la fragilité; toutes conviennent aussi bien à la décoration, car leur feuillage est aussi léger qu'elégant.

Dans beaucoup de pays on rencontre des fougères, mais partout aussi elles ont besoin de chaleur et d'humidité pour vivre et pour croître; la lumière leur est plutôt nuisible.

Quelques espèces sont plus rustiques que les autres et nécessitent moins d'humidité ; ce sont les *Asplenium*, jolies plantes qui ne dépassent pas 60 à 70 centimètres; il y a plusieurs espèces d'aspleniums; les bellengeris, les blechnums, etc.

Les fougères sont gracieuses et élégantes à quelque endroit qu'on les place. Il faut avoir soin de les arroser copieusement et sans cesse, sans cette précaution, elles meurent vite. Plusieurs fougères communes de nos pays sont fort jolies pour la décoration; ce sont : le polypodium vulgare, la scolopendre officinale, le capillaire de Montpellier, la rue des murailles, les pteris serrulata.

Décoration par les fleurs d'un bow-window de salle à manger
ou d'antichambre.

Avant de clore le chapitre où il est question de ces plantes, disons quelques mots des mousses, si utiles pour achever de garnir un pot, une jardinière ; elles sont généralement très petites et se trouvent à toutes les altitudes, sur les troncs d'arbre ; on les mouille quand elles se dessèchent dans une eau teintée de vert pour leur conserver leur couleur.

CHAPITRE XI

PLANTES ET ARBUSTES DE TAILLE MOYENNE POUVANT CONVENIR A LA GARNITURE DE DIVERSES JARDINIÈRES.

Nous voulons parler dans ce chapitre non seulement des plantes et des arbustes que nous empruntons aux serres pour orner les appartements, mais encore des plantes et des arbustes qui poussent en pleine terre et que l'on vend en pot pour les emporter et servir à la parure de nos habitations. Le nombre en serait incalculable, aussi nous nous sommes encore borné cette fois-ci à choisir les plus jolis et les plus connus d'entre eux.

Bégonia (famille des Bégoniacées). — Nous avons déjà cité une plante de cette espèce dans le chapitre des plantes à grands feuillages ; il existe un grand nombre de genres de bégonias ; les uns viennent en serre, d'autres en pleine terre ; on peut donc faire son choix et en avoir à toutes les époques. Un des plus connus est le semper florens, dont le nom signifie : toujours en fleurs, il est fort joli et sa touffe bien disposée. On le trouve dans tous les marchés.

Le *bégonia tubéreux* est un des plus beaux cultivés dans nos jardins ; les feuilles sont superbes et ont une grande variété de tons ; il faut commencer par arroser ces plantes avec une certaine parcimonie, puis aller en augmentant ; les fleurs du bégonia sont tantôt rouges, ou roses, ou blanc rosé ; il y en a de toutes les grandeurs.

La structure un peu épaisse des feuilles fait qu'ils ont quelquefois l'air de manquer de légèreté, il ne faut pas les placer dans des jardinières trop fragiles.

Calcéolaires (famille des Scrophulariées). — Ces charmantes plantes ont une fleur des plus originales, on la prendrait pour un insecte bigarré ; on est parvenu à obtenir une variété considérable de nuances dans leur corolle.

Pour cultiver les calcéolaires, il faut avoir une serre, mais ils se trouvent chez tous les horticulteurs et les fleuristes ; il faut les arroser largement et ne pas les exposer aux rayons du soleil. Leur place est au salon et dans les pièces élégantes.

Gloxinias (famille des Gesnériacées). — La fleur et la feuille des gloxinias sont très belles, mais ces plantes sont peu élevées et demandent à être seules dans un pot et non avec d'autres dans les jardinières ; elles sont d'une extrême délicatesse ; pour cette raison on est souvent obligé d'envelopper leur corolle dans de l'ouate pour les transporter d'un endroit dans un autre ; leur culture est fort difficile.

Godetia (famille des Onagriées). — Cette plante est fort jolie, elle forme une touffe énorme couverte de fleurs d'un beau rouge ou d'un blanc pur; le feuillage et les fleurs en sont gracieux et délicats; deux pots de godetias suffisent pour remplir une jardinière assez vaste ; la culture de cette plante est facile; on en trouve sur tous les marchés de Paris. Les branches coupées font de ravissants bouquets qui se maintiennent longtemps frais; la godetia la plus connue est celle appelée lady Albemarle.

Géraniums (famille des Géraniacées). — Les géraniums sont des plantes trop connues pour que nous soyons obligé d'en parler longuement; nous dirons seulement qu'ils sont jolis, gracieux et que la culture en est on ne peut plus facile; ils aiment par-dessus tout la sécheresse. On compte de nombreuses espèces de géraniums; il y en a des doubles et des simples ; le géranium lierre est très décoratif et garnit fort bien les vases grecs et les suspensions ; il y a encore le géranium rosa dont on extrait un parfum servant à falsifier l'essence de roses, mais on le place souvent parmi les pelargoniums.

Pelargonium. — Cette plante, de la même famille que la précédente, a beaucoup de ressemblance avec elle ; elle est pourtant plus jolie encore et comprend de plus nombreuses espèces ; parmi elles nous avons le pelargonium des fleuristes, le grandifolia, etc... Il n'existe pour ainsi dire pas de différence entre les géraniums et les plantes que nous venons de nommer.

Deutzia grazilis (famille des Philadelphées). — Appelé encore seringa des Indes, ce petit arbrisseau est d'une délicatesse charmante, avec les grappes de fleurs blanches dont il est couvert.

C'est à la fin de l'hiver que l'on trouve à acheter ces plantes chez les fleuristes, mais comme elles ont été souvent trop forcées dans les serres, elles ne tardent pas à périr dans les appartements. — Les cache-pots en soie bleue ou rose pâle les font singulièrement valoir.

Saxifrages (famille des Saxifragées). — Les plantes de cette famille tirent leur nom de la propriété qu'on leur supposait de pouvoir rompre les rochers par la force de leur végétation, en poussant dans leurs interstices.

Les espèces de saxifrages sont très nombreuses, on peut les planter sur des petits rochers disposés au milieu des aquariums.

La saxifrage sarmenteuse garnit bien les suspensions.

Saxifrage de la Chine. — Il y a plusieurs espèces de saxifrages, mais la seule qui vive dans les appartements est celle que nous venons de nommer.

Ces fleurs ressemblent à de mignons papillons et se renouvellent pendant longtemps.

On peut multiplier facilement la saxifrage de la Chine; il suffit pour cela de prendre un de ses rejets et de le placer dans un pot; au bout de peu de temps il prend racine et devient une nouvelle plante; il faut alors détacher celle-ci de sa mère.

Delphinelle à fleurs labrées. — Cette plante nous vient de Russie; ses fleurs d'un bleu magnifique sont fort grandes; dans le genre des delphinelles elle occupe le premier rang. Elle pousse bien en pleine terre, dans une terre franche. Mise dans un vase blanc ou d'une teinte pâle elle est d'un très bel effet.

Muflier (famille des Scrofulariées). — Appelé aussi (gueule de lion); il a de jolies fleurs rouges ou roses disposées en grappes terminales; il décore très bien les vieux murs et les ruines et fleurit pendant toute la belle saison ; on le reproduit par semis ou par boutures.

Souci des jardins (familles des Composées). — Cette fleur d'un jaune très intense est assez jolie et produit un bon effet au milieu d'autres fleurs de diverses couleurs. Ces plantes sont fort rustiques et très dociles en culture, aussi sont-elles recherchées pour cette raison.

Œillet de poète (famille des Caryophylées). — Plante indigène très cultivée; a de nombreuses fleurs réunies en bouquet qui s'épanouissent en juin. Les couleurs les plus variées sont son apanage, les nuances sont unies ou panachées.

L'œillet de poète se multiplie par division quand l'époque de la floraison est passée, ou par semis en juillet. Il est très rustique et produit un effet charmant dans les corbeilles et les bouquets.

Mimulus ou Musc (famille des Scrophulariées). — Le musc est peu ornemental, nous en parlons néanmoins parce que cette plante est fort connue et recherchée dans beaucoup de provinces du Nord et de l'Ouest. Il est peu de familles dans ces régions qui ne possèdent un pot de mimulus sur leur fenêtre; ces fleurs répandent une odeur de musc assez prononcée.

Eschscholtzie (Coquelicot jaune). — Cette plante a de jolies feuilles bien découpées d'un vert particulier appelé vert de mer ; ses fleurs sont fort nombreuses et charment nos regards depuis le mois de mai jusqu'en octobre ; il y en a une variété à fleurs roses et une à fleurs blanches ; elle demande une exposition à la chaleur ; sa place est dans les jardinières de porcelaine ou de bambou.

Salpiglossis. — Les salpiglossis comprennent un grand nombre d'espèces variées ; ces plantes sont originaires d'Amérique, elles ont une hauteur d'environ 70 à 75 centimètres, leurs tiges se terminent par des fleurs de couleur variée, tantôt unies, tantôt striées ou chamarrées de roux et de brun ; elles donnent en abondance pendant deux mois, c'est le principal mérite de cette plante. Les variétés naines vont fort bien en pots. Il est utile de maintenir les tiges à l'aide de tuteurs, car elles ont un penchant à s'affaisser avec beaucoup de facilité.

Pervenche de Madagascar (famille des Apocynées). — C'est la plante d'appartement la plus connue et la plus commode ; on la trouve sur tous les marchés pendant une grande partie de l'année ; elle fleurit fort longtemps, mais il est urgent de l'arroser souvent et copieusement. Quand on achète un pot de pervenches de Madagascar il faut avoir le soin de bien visiter sous les feuilles si quelque colimaçon ne s'y est pas dissimulé, car ces animaux sont très friands de ces feuilles et de ces fleurs, et il leur suffit d'une journée ou d'une nuit pour dévaster une plante entière !...

Sans être d'une grande élégance, la pervenche de Madagascar n'est déplacée nulle part.

Trachélie bleue (famille des Campanulées). — On la

cultive pour l'ornement des appartements dans lesquels elle se conserve pendant l'hiver, elle fleurit assez longtemps et craint l'humidité.

Phlox (famille des Polémoniacées). — La tige des phlox atteint jusqu'à 40 centimètres. Cette plante est une des plus belles de pleine terre ; elle jouit des couleurs les plus diverses, unies, panachées, éclatantes ou pâles ; elle fleurit de juin en septembre ; il existe une variété de petits phlox qui n'arrivent qu'à une hauteur de 25 centimètres environ ; c'est parmi eux que se trouvent les plus belles nuances.

Nigelle ou cheveux de Vénus (famille des Renonculées). — La nigelle nous vient du Midi, ses feuilles sont découpées d'une façon remarquable. Sa fleur, d'un bleu très pâle, est entourée de filets verts lui donnant une grande élégance.

C'est au mois de juillet que les fleurs de nigelle se montrent ; il existe encore celle d'Espagne dont les couleurs varient entre le bleu, le rose et le rouge foncé.

Pivoine (famille des Renonculées). — Les pivoines sont des plantes superbes et très décoratives, leurs feuilles et leurs fleurs sont douées d'une grande beauté. Elles atteignent une taille trop élevée pour rester dans les petites pièces, mais leur effet sera superbe dans les vérandas, les galeries, etc... Il y a plusieurs espèces de pivoines, entre autres, celle de Chine, la pivoine en arbre et la pivoine odorante dont le parfum rappelle un peu celui de la rose.

Ces fleurs coupées sont faites pour garnir de grands et beaux vases ou des corbeilles au milieu d'une table.

Pyrèthre (famille des Composées). — Le pyrèthre est originaire du Caucase ; c'est une belle plante dont la fleur a beaucoup de ressemblance avec la reine-marguerite, ses feuilles sont bien découpées et sa tige élégante; il y a le pyrèthre rose, le blanc, le rouge foncé, le rouge clair, le lilas et le violet.

Fuchsia (famille des Onagrariées). — Cette plante est fort connue et fort aimée dans le peuple; ses qualités sont nombreuses et précieuses tout à la fois, elles justifient son succès. Elle est d'une culture très facile et fleurit avec abondance, il y en a de nombreuses variétés, quelques-unes ont le feuillage panaché. Dans la fleur, le calice est d'une nuance et la corolle d'une autre.

Les fuchsias craignent le grand soleil et sont avides d'eau, il ne faut donc pas oublier de les arroser.

Ces plantes tout en étant fort belles sont un peu vulgaires, leur place n'est donc pas au salon, surtout si celui-ci est luxueux.

Thlaspis ou téraspic vivace (famille des Crucifères). — On appelle encore le thlaspis corbeille d'argent, il pousse en touffes qui forment de jolies bordures; il jouit d'un agréable parfum. Si l'on a cueilli des bouquets de cette plante, il faut bien veiller dans la pièce où ils sont placés à ne pas laisser entrer les abeilles qui sont très friandes du suc de ces fleurs. Il y a d'autres téraspics dont la culture est des plus facile, en Angleterre on l'emploie fréquemment pour la garniture des fenêtres.

Staticé (famille des Plombaginées). — C'est de la Russie que cette jolie plante nous a été importée, elle est d'un aspect très décoratif, avec ses grandes et larges feuilles du milieu desquelles s'élancent de fines grappes de fleurs qui ont l'aspect de petites perles mauves.

Comme il a été dit précédemment, ces fleurs se dessèchent en gardant leurs couleurs; elles sont aussi précieuses que les immortelles pour les bouquets d'hiver.

La culture des staticés est des plus faciles.

Campanule (famille des Campanulacées). — Il y a de nombreuses espèces de campanules : celle à grosses fleurs et la campanule des Karpathes, etc.. Le port de cette plante est élégant et ses fleurs en forme de clochettes sont gracieuses; elle trouve sa place dans les salles à manger, dans les corridors, dans les antichambres, mais jamais dans les salons.

Elle est même mieux placée à la campagne qu'à la ville.

Giroflée (famille des Crucifères). — La giroflée est une plante vulgaire mais très jolie et très aimée; elle pousse à l'état sauvage sur les vieux édifices et les vieux murs; dans ces endroits elle produit un effet des plus décoratifs. Parmi les giroflées, il y a la quarantaine à fleurs odorantes et de couleur variée; la giroflée grecque, la giroflée de Mahon, le rameau d'or. C'est une de ces plantes qui a inspiré à Saintine le petit chef-d'œuvre intitulé *Picciola*.

Zinia (famille des Composées). — Le zinia, fort joli, nous vient du Mexique, il est aujourd'hui très répandu; les zinias à fleurs doubles sont élégants, et renferment de nombreuses variétés, entre autres : le zinia élégant et le zinia multiflora.

Héliotrope (famille des Borraginées). — L'héliotrope

est une des plantes les plus connues et les plus aimées ; elle doit cette préférence et cette vogue à la multitude de ses fleurs autant qu'à son parfum délicieux ; il existe des héliotropes d'un violet presque blanc, d'autres d'un violet très foncé ; ils craignent la trop grande chaleur et ne demandent que très peu d'eau. En bouquet, cette plante se marie d'une façon charmante avec les roses et les autres fleurs.

Primevères (famille des Primulacées). — La primevère des jardins est bien jolie et présente souvent les tons les plus variés, depuis le jaune pâle jusqu'au rouge foncé ; mise dans des petits vases ou en bordure dans les jardinières, elle est assez décorative à cause de ses feuilles si bien disposées.

Ces plantes croissent à peu près dans toutes les terres et sont de bonne heure en pleine floraison. Il y a la primevère des jardins et la primevère à grandes fleurs. A côté des primevères, et leur ressemblant beaucoup, nous trouvons les *Auricules*, fleurs charmantes qui font les délices des Anglais pour la garniture de leurs fenêtres.

Le *Réséda* (famille des Résédacées) est une des plantes les plus connues et dont tout le monde apprécie le mérite et le parfum délicieux ; on la cultive en abondance et elle est vendue partout ; la variété à grandes fleurs est très recherchée. Dans les bouquets, à l'époque où le réséda fleurit, il faut en placer en grande quantité.

Pentstemons (famille des Scrofulariées). — Les pentstemons sont de belles fleurs à la forme gracieuse, bien plantées sur une tige droite et élégante ; on les trouve sur les marchés et chez les fleuristes.

Leurs teintes varient du blanc au rouge foncé en passant par le violet. Quelques branches de pentstemons dans un vase, avec un peu de verdure légère, font un effet charmant; c'est en bouquet seulement qu'il est permis de jouir de ces fleurs dans les appartements.

Scabieuses (famille des Dipsacées). — Ces fleurs, qui ont l'aspect du velours, sont bien jolies et comprennent de nombreuses variétés. Les abeilles les recherchent avidement.

Les scabieuses à grandes fleurs doubles sont fort belles et décorent merveilleusement une petite jardinière, à laquelle elles prêtent un aspect de légèreté et de richesse incomparables. Il est bien entendu que c'est une plante annuelle.

Verveines (famille des Verbénacées). — Parmi les verveines, ce sont les hybrides qu'il faut choisir et cultiver; il en existe un très grand nombre d'espèces, toutes plus charmantes les unes que les autres; elles affectent une grande variété de couleurs et exhalent une odeur douce et discrète; il faut les placer parmi les plantes de taille plus que moyenne. La chaleur et l'eau leur réussissent toujours.

PLANTES DE PETITE TAILLE.

Nous allons citer à présent quelques plantes qui par leur petite taille se prêteront fort bien à servir de bordure aux caisses de fleurs et jardinières, ou encore à décorer des étagères, de mignons cache-pots; nous avons d'abord *le myosotis* (famille des Borraginées). Parmi les myosotis, le plus joli est sans contredit le palustris, mais nous le retrouverons dans le chapitre des plantes aquatiques, nous passerons donc au *myosotis des Alpes* dont la fleur est aussi charmante et d'un bleu céleste délicieux.

Cette plante est très rustique et fleurit d'avril en juin: elle se change facilement de place. Une bordure de myosotis est bien jolie et un bouquet de ces fleurs sied à merveille aux jeunes filles; malheureusement elles se fanent avec une grande rapidité.

Hépatique (famille des Renonculacées). — Cette petite plante vivace est très gracieuse et forme aussi de jolies bordures; elle existe en trois couleurs : en blanc, en bleu et en rose; les fleurs sont simples ou doubles, et réclament de l'ombre pour pousser, mais aussitôt qu'elles sont écloses, c'est le soleil qui leur convient pour s'épanouir complètement.

Pensée (famille des Violariées). — La pensée est une des plantes les plus connues, on la rencontre dans tous les jardins.

Ses fleurs sont fort belles et très variées, elles portent un masque qui leur donne un peu de la physionomie humaine quand on les regarde longtemps.

Quelques-unes semblent être découpées dans du velours. Les pensées fleurissent pendant toute la durée de la belle saison, du printemps à l'automne. Elles occuperont une large place dans l'ornementation des jardinières.

Silène (famille des Caryophyllées). — Le silène sera employé particulièrement en bordure; il est originaire de l'Italie; ses fleurs roses, rouges ou blanches sont jolies et abondantes. C'est une plante annuelle qui ne demande aucun soin et est fort rustique. Le silène à bouquets croît très bien en pots.

Némophiles (famille des Hydrophiblées). — Les némophiles sont le plus souvent cultivés en pot; ces jolies plantes ont des fleurs en forme de clochettes bleues d'une grande délicatesse.

Dans l'ornementation des appartements elles seront employées en bordure.

Pétunias (famille des Solanées). — Les pétunias se prêtent facilement à la culture en pots, aussi les trouve-t-on un peu partout; ces charmantes fleurs sont très décoratives et jouissent d'une odeur douce et agréable la culture en est très facile; elles arrivent quelquefois à un développement de 10 à 12 centimètres, leur couleur varie du blanc au violet foncé; il existe depuis quelques années des pétunias à fleurs doubles.

Aspérule (famille des Rubiacées). — L'aspérule est une mignonne petite plante aux fleurs blanches, dont la taille ne dépasse pas 25 centimètres; son feuillage est des plus jolis, elle demande de l'eau et de la fraîcheur. Comme bordure dans les jardinières composées exclusivement de fleurs blanches elle est toute indiquée.

Les feuilles de cette plante ont la propriété d'exhaler une bonne odeur se rapprochant de celle du foin coupé; on les place dans le linge auquel elles communiquent leur parfum.

Bruyères (famille des Éricacées). — Parmi les plantes de petite taille nous pouvons placer en première ligne les bruyères qui sont fort recherchées comme plantes d'appartement.

Ces élégants petits arbustes sont d'une légèreté

remarquable, et les fleurs abondantes qui se mêlent à leur verdure apparaissent à la fin de l'hiver, ces fleurs sont d'une jolie forme et d'une belle couleur; on peut les comparer à de petites perles roses, violettes ou blanches.

Il existe un nombre infini d'espèces de bruyères, les

Panier monté sur bambou.

plus mignonnes et les plus connues sont : la bruyère du Cap, la bruyère gracilis, la bruyère Nana, la bruyère pyramidalis, la bruyère Massoni, etc. Les bruyères du Cap sont les plus belles, mais leur culture présente des difficultés.

On plante toutes ces fleurs dans de la terre de bruyère pure et on les arrose avec de l'eau de pluie.

CHAPITRE XII

PLANTES BULBEUSES, PLANTES A OIGNONS

Sans être la plus jolie des plantes bulbeuses, le bulbocode printanier (famille des Melanthacées) est la première dont la fleur se montre après les froids rigoureux, aussi l'appelle-t-on : le perce-neige, ses pétales sont blancs ou d'un rose pâle.

Amaryllis. — Les amaryllis comptent de nombreuses espèces; leurs fleurs sont très belles par leur forme et leur couleur, l'amaryllis à fleur en croix est encore appelée croix de Saint-Jacques, l'amaryllis purpurea, l'amaryllis du Japon, l'amaryllis crispa complètent cette famille si admirée chez les fleuristes et dans les marchés.

Tubéreuse (famille des Liliacées). — Les tubéreuses sont de belles plantes dont les fleurs blanches se terminent en épi et exhalent une odeur des plus suaves, mais des plus pénétrantes; c'est pour cette raison qu'il ne faut jamais les placer dans les appartements, si ce n'est dans les jardins d'hiver où l'on ne séjourne pas longtemps. C'est de juillet à octobre qu'a lieu leur floraison; toutes celles qui se trouvent sur les marchés et chez les horticulteurs viennent chaque année du Midi. Dans cette région on fait des cultures immenses de tubéreuses dont on extrait le parfum.

Glaïeuls (famille des Iridées). — Il y a parmi les glaïeuls une quarantaine d'espèces toutes fort jolies,

ces plantes sont originaires du Cap et ont le privilège
de fleurir pendant longtemps, de mars ou d'avril jusqu'en août et septembre.

Le plus beau des glaïeuls est sans contredit celui de

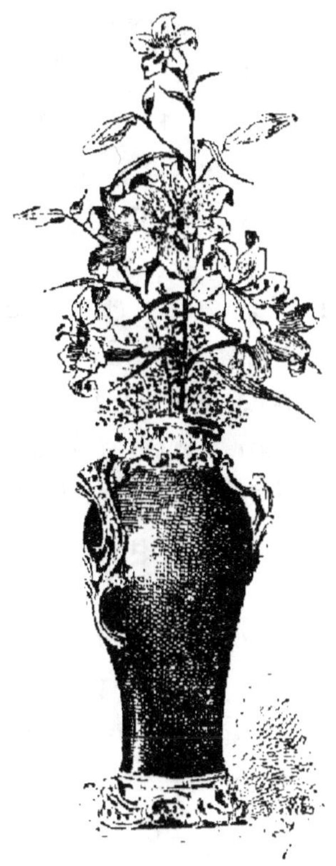

Lis dans un vase bleu de Sèvres.

Gand; toutes les espèces qui en dérivent sont remarquables par la profusion, la richesse de coloris de leurs
fleurs dont les superbes grappes sont décoratives.

La culture de ces plantes est facile; on plante les
bulbes dans une terre neuve en les plaçant à 6 ou
7 centimètres de profondeur. Il faut avoir soin de

recouvrir la terre de paillis et d'arroser de temps en temps.

Dans de grands et beaux vases les glaïeuls ornent un dessus de cheminée d'une façon fort élégante.

Narcisses (famille des Amaryllidacées). — Ces plantes fort jolies comptent de nombreuses espèces parmi lesquelles figurent : le narcisse doré, à fleurs jaune pâle avec un calice orangé, le narcisse incomparable, toujours de couleur jaune, le narcisse grand monarque dont les fleurs réunies en bouquet tirent beaucoup sur le blanc.

La grande jonquille ou narcisse odorant est d'un jaune foncé ; enfin le plus connu, le narcisse des poètes, se trouve dans les bois des environs de Paris, il est jaune d'or et n'a aucun parfum. Les oignons de narcisse peuvent se cultiver en appartement, ils font très bien dans une jardinière au milieu de la mousse verte.

Lis (famille des Liliacées). — La famille des lis renferme une grande quantité de plantes qui sont aussi belles, aussi majestueuses les unes que les autres. Les lis ont des fleurs de toute beauté, un parfum agréable ; leur tige émerge d'un bouquet de superbes feuilles et leur donne un aspect des plus élégants.

Le lis blanc est le plus connu et le plus cultivé ; il nous vient de l'Orient et fleurit en juin ; malheureusement, son parfum bien qu'agréable est tellement pénétrant qu'il est impossible de le placer dans les appartements, à moins que ce ne soient d'immenses pièces dans lesquelles l'air se renouvelle d'une façon permanente.

A côté du lis blanc nous avons le lis tigré, le lis

doré, le lis rouge, le lis des jardiniers, le lis safrané ;
ces espèces, surtout le lis des jardiniers peuvent être
cultivées en pots et sont fort belles au milieu d'un
groupe d'autres fleurs.

Jacinthe (famille des Liliacées). — La Jacinthe est
la plante à oignon qui se cultive le plus exclusivement

Jacinthe.

dans les appartements, il n'y a pas moins de quinze
cents à deux mille espèces de jacinthes plus ou moins
belles et de couleurs différentes. Toutes les nuances se
rencontrent chez ces fleurs, depuis le blanc jusqu'au
rouge, au bleu, au rose, etc. ; il y en a d'un violet tellement foncé qu'en les voyant à certaine distance on
les croirait noires.

Les oignons de jacinthe se trouvent chez tous les horticulteurs qui en ont un grand choix; leur prix n'est pas très élevé. Nous avons parlé au commencement de cet ouvrage de la culture de ces plantes dans de l'eau; elles viennent très bien aussi dans la terre et dans la mousse; une corbeille, une jardinière remplies de jacinthes de nuances variées sont fort jolies. On suit avec intérêt leur developpement. Quand elles sont en fleurs, il faut se méfier de leur parfum.

Crocus (famille des Iridacées). — A côté des jacinthes, nous devons parler des crocus qui se cultivent et fleurissent à la même époque qu'elles; comme elles aussi, ils comptent un nombre considérable de variétés; étant de petite taille, les crocus peuvent se placer entre les jacinthes et en compléter l'effet; leurs feuilles ne poussent qu'après la fleur ; c'est d'une espèce de crocus que s'extrait le safran.

Les crocus les plus connus sont : le grand jaune, l'albion, l'écossais, le drap d'or, la pucelle, la Queen Victoria, l'amazone, l'argus, la laurette, etc.

Scille (famille des Liliacées). — La scille est une ravissante plante de toute petite taille dont les fleurs sont d'un bleu charmant; mêlée aux jacinthes et aux crocus son effet est des meilleurs; la scille du Pérou est la plus belle, on la cultive sur des carafes comme les jacinthes.

La place des scilles est tout indiquée dans de mignonnes jardinières en porcelaine délicate et de couleur claire.

Muguet (famille des Liliacées). — Bien que le muguet soit une plante des bois, il est utile d'en dire quelques mots, car il n'est pas rare en hiver de voir et d'admirer du muguet dans les appartements, c'est même une décoration très recherchée et fort élégante. Ce sont des horticulteurs belges qui les premiers ont trouvé moyen de forcer cette plante en serre chaude et d'obtenir ainsi une végétation luxuriante et des fleurs superbes à une époque ou l'on n'avait pas l'habitude de les voir, aussi les premiers pots de muguet obtenus dans ces conditions se sont-ils vendus un prix fort élevé; depuis, l'exemple a été suivi par beaucoup d'autres personnes. Un pot de muguet placé dans une petite jardinière de jonc ornée de rubans fait un fort bel effet et donne un air de fête au salon dans lequel il est placé.

Anémones (familles des Renonculacées). — Les anémones sont de jolies fleurs au coloris varié, au feuillage découpé d'une façon élégante; elles se reproduisent par germes ou pattes.

Il y a des anémones à fleurs simples, d'autres à fleurs doubles; parmi celles à fleurs simples, la plus belle est l'anémone fulgens dont les pétales sont d'un magnifique rouge vif.

L'anémone du Japon, qui fleurit d'août à septembre, est sans contredit une des espèces les plus décoratives à cause de sa longue tige de laquelle partent et s'élèvent à différentes hauteurs des fleurs blanches ou roses d'une forme et d'une grâce remarquables.

Renoncules (famille des Renonculacées). — Ces fleurs ressemblent beaucoup aux anémones, mais elles ont une plus grande régularité et sont moins élégantes ; il y en a de nombreuses variétés dont la couleur varie à l'infini.

Hellébores (famille des Renonculacées). — Pour clore la série des plantes bulbeuses, nous allons parler des hellébores, appelés aussi roses de Noël. Cette plante est vivace et fleurit en plein hiver; cette particularité rend sa culture précieuse et intéressante. Ses feuilles ainsi que ses fleurs sont très belles, elles présentent un aspect un peu rustique, aussi placera-t-on les roses de Noël dans une salle à manger ou dans l'antichambre. On connaît maintenant quelques variétés dont les fleurs sont colorées; elles varient du rose au pourpre foncé.

Fritillaire (famille des Liliacées). — La fritillaire ou couronne impériale est une belle plante dont la tige s'élève, dégagée sur un tiers de sa hauteur; ses fleurs resesmblent à des tulipes, elles sont rouges, safranées, orangées ou jaunes suivant l'espèce; il faut garder bien soigneusement les oignons de ces plantes qui craignent beaucoup la gelée.

Tulipes (famille des Liliacées). — Les vrais amateurs de tulipes ne recherchent que celles dont la fleur est multicolore et qui ont des couleurs bien accentuées; les plus estimées ont le fond blanc.

Il est impossible de parler de ces plantes sans rappeler avec quel amour et quelle passion les Hollandais la cultivent; partout en Hollande on trouve des tulipes merveilleuses : le long des voies ferrées, autour des églises, le long des canaux, ce sont de véritables collections.

Les variétés sont trop nombreuses pour les énumérer ici; en s'adressant aux horticulteurs pour l'achat des oignons ils vous renseigneront sur les nuances et les espèces les plus belles ; on connaît maintenant la tulipe dragonne dont les bords sont frangés et déchiquetés d'une façon bizarre, sa nuance est uniforme, soit rouge, soit jaune.

Ces fleurs, comme nous l'avons déjà dit, poussent en appartement dans de la mousse ou de la terre ; elles font bien dans des jardinières de Saxe ou de Nove.

Agapanthe (famille des Liliacées). — Appelée encore tubéreuse bleue ; cette fleur disposée en ombelle croit souvent au bout d'une tige mesurant un mètre de hauteur ; elle n'a aucune odeur.

Ornithogale (famille des Liliacées). — Nous dirons quelques mots de l'ornithogale, bien que cette plante soit très commune. Ses fleurs disposées en ombelles s'épanouissent en juin et ne s'ouvrent que de 11 heures à 4 heures, on la nomme encore pour cette raison « dame d'onze heures ».

Iris (famille des Iridées). — Les iris sont de fort jolies plantes ornementales dont la forme et la fleur ne manquent pas d'élégance ; ils se divisent en deux groupes : les iris bulbeux qui comprennent l'iris xyphioïde ou d'Angleterre et l'iris d'Espagne.

Ces deux espèces s'élèvent à une hauteur de 50 centimètres environ, elles ont peu de feuilles et leur fleur est grande, violette, blanche ou bleuâtre.

2° Les iris à rhizome sont ceux qui renferment le plus grand nombre de genres et les plus connus. En première ligne se place l'iris germanique, qui a une superbe fleur de deux nuances, l'iris de Florence dont la fleur est blanche et dont la racine fournit la poudre d'iris rappelant l'odeur suave de la violette. Tous les iris fleurissent au commencement de l'été.

Il en existe une variété naine appelée iris petite flambe, elle sert pour bordure, mais peut se mettre dans une jardinière de taille infime (1).

Muscaris à toupet (famille des Liliacées). — Les muscaris ont une fleur en forme de grappe volumineuse, d'un bleu violet et d'un aspect léger et fort joli ; leur floraison a lieu de mai en juin. Si l'on veut obtenir une belle espèce il est bon de laisser les bulbes de muscaris pendant plusieurs années en terre.

Triteleia (famille des Liliacées). — Les tiges florales de cette plante ne dépassent guère 12 ou 15 centimètres, aussi se prête-t-elle facilement à la culture en pots ou en jardinière ; il faut mettre plusieurs bulbes ensemble pour obtenir un bouquet odorant d'un blanc immaculé. Les soins à donner aux triteleias sont les mêmes que ceux que l'on prodigue aux autres plantes à oignons.

Hémérocalles (famille des Liliacées). — Les hémérocalles appelées encore lis jaunes sont de belles plantes qui croissent en touffes assez volumineuses et fleurissent au mois de mai et de juin ; leurs fleurs ont une forme analogue à celles des lis.

Les hémérocalles sont rustiques et peuvent se cultiver dans toutes les terres. Il en existe une espèce à fleurs blanches dont le parfum rappelle celui de la vanille, et une autre espèce dont les fleurs plus grandes que les autres sont d'un jaune fauve très joli.

(1) Pour apprendre les noms des plantes ainsi que les premières notions de botanique, nous recommandons la *Petite Flore* de M. Gaston Bonnier.

Trolluis (famille des Renonculacées). — Le trolluis ou boule d'or ressemble au bouton d'or, mais ses fleurs sont plus grandes et de différents jaunes.

C'est au mois de mai que les trolluis donnent leurs premières fleurs ; ils demandent une terre légère et ont besoin d'ombre pour se bien porter. Pour les multiplier,

Vase pour fleurs à oignons.

il suffit de diviser la touffe à l'époque du printemps.

Vigne vierge (famille des Ampélidées). — La vigne vierge est un des arbrisseaux grimpants les plus beaux et les plus faciles à cultiver. L'époque à laquelle il est dans tout son éclat, c'est l'automne, lorsque son feuillage passe du vert au rouge. Cette plante forme des rideaux de verdure superbes, elle tapisse les tonnelles et les balcons d'une façon ravissante. La vigne vierge préfère l'exposition du nord à toute autre. Il en existe deux variétés.

Lyciet (famille des Solanées). — Le lyciet est propre

à garnir les murs, les élévations de terre, etc., il se multiplie facilement.

Haricot d'Espagne (famille des Légumineuses). — Le haricot d'Espagne donne pendant toute la belle saison de jolies grappes de fleurs rouges ou blanches et quelquefois bicolores ; cette plante réussit très bien à toutes les expositions, les graines du haricot d'Espagne sont comestibles, et sur les marchés du Midi, où l'on peut les obtenir en plus grande quantité que dans les environs de Paris, elles se vendent couramment. On les sème dans le mois de mai.

Pois de senteur (famille des Légumineuses). — Cette plante peut grimper jusqu'à la hauteur de deux mètres ; ses fleurs assez variées de couleur ont une odeur douce qui est des plus agréables. Sa culture est facile, il suffit de semer ses graines sur place dès le commencement du printemps.

Cobeas. — Les cobeas nous viennent du Mexique ; ils produisent de grandes fleurs violettes pendant tout l'été, ces plantes demandent à être placées à une exposition très chaude et à être arrosées très souvent. En serre le cobea est vivace et se dispose en guirlandes d'une façon charmante.

Houblon du Japon (famille des Cannabinées). — Le houblon est une plante des plus connues. Cultivé pour ses fleurs qui servent à la fabrication de la bière, le houblon peut se planter dans tous les terrains ; il sert encore à garnir les fenêtres, les balcons et les berceaux ; son effet est des plus charmants et des plus décoratifs. Ses fleurs d'un jaune vert et ses feuilles si bien plissées sont fort artistiques.

Il existe une espèce de houblon annuel appelé houblon du Japon qui a été introduit depuis peu de temps dans la culture ornementale ; cette variété a l'avantage d'être annuelle et de ne pas être attaquée par les insectes.

Ipomée appelée encore quamoclet ou jasmin rouge. — Cette plante garnit avec élégance les berceaux et les fenêtres ; on la sème sous cloche au printemps pour la mettre en place au mois de mai.

Liseron. — Il est originaire du midi de la France, et rampe plutôt qu'il ne grimpe ; il affecte trois couleurs, le blanc, le bleu ou le rose. On le sème au printemps pour le voir fleurir de juillet à septembre.

Pois vivace. — Cette plante, comme le pois de senteur, nous offre de belles fleurs roses ou blanches et orne d'une façon gracieuse les balcons en grimpant à une hauteur de un à deux mètres, ses touffes sont énormes, mais ses fleurs ne jouissent d'aucun parfum.

CHAPITRE XIII

PLANTES GRIMPANTES

Nous avons consacré quelques lignes, dans un chapitre précédent, aux plantes qui grimpent en s'attachant à des ficelles ou à des treillages ; nous voulons en nommer quelques-unes qui sont tout à fait propres à cet usage ; néanmoins presque toutes les familles pourraient se prêter à ce genre de garnitures. Nous avons deux sortes de plantes grimpantes; celles de serre et celles de pleine terre.

Il n y a pas que les plantes qui grimpent et sont susceptibles de s'attacher; certains arbustes jouissent de la même propriété, parmi ces *arbustes* nous avons : la glycine, le jasmin, le chèvrefeuille, la bignone, les passiflores, les aristoloches, la kennedie, les clématites, la vigne vierge. Les plantes grimpantes les plus connues sont : les capucines, les volubilis, les haricots d'Espagne, les pois de senteur, les cobéas, le houblon du Japon, l'ipomée écarlate, le liseron, les pois vivaces, etc.

Capucine (famille des Géraniacées). — Les capucines sont de fort jolies plantes annuelles qui s'enroulent d'une façon gracieuse autour des balcons et des fenêtres, il y en a plusieurs variétés, dans lesquelles les feuilles et les fleurs sont toujours aussi jolies.

Chèvrefeuille (famille des Caprifoliacées). — Le chèvrefeuille est un arbuste qui comprend trois familles différentes : le chèvrefeuille volubile, non volubile, et le chèvrefeuille de serre. Ses fleurs sont jolies et ont un doux parfum très agréable; elles s'épanouissent au printemps.

Lierre (famille des Araliacées). — Le lierre est la plante grimpante par excellence, et le type de la plante décorative. Quoi de plus joli qu'une chaumière, qu'un mur, qu'un tronc d'arbre tapissés par son feuillage. Ses baies noires font très bien en automne et complètent l'effet de son feuillage vert et luisant. Il prospère partout et dans n'importe quels terrains.

Clématite (famille des Renonculacées). — Les clématites présentent trois espèces : les herbacées qui poussent en plein air ainsi que les ligneuses et celles qui viennent en serre.

Les clématites produisent des fleurs superbes, surtout depuis quelques années; les horticulteurs sont parvenus à obtenir de cette plante des résultats merveilleux; leur corolle est large, de forme gracieuse et de nuances variées; l'ensemble des clématites est des plus gracieux, car le feuillage ne le cède en rien à la fleur comme élégance.

Jasmins (famille des Jasminées). — Les jasmins ont une odeur exquise, des fleurs et des feuilles charmantes qui ont le privilège de se renouveler pendant longtemps et avec lesquelles on fait des bouquets délicieux; le jasmin le plus connu est le jasmin blanc d'Orient; viennent ensuite celui d'Espagne et celui de Chine.

La *bignone* ou jasmin de Virginie est une plante à feuilles et à fleurs fort grandes et très décoratives, mais elle envahit entièrement le mur sur lequel elle pousse. Ses fleurs, au calice très profond, sont d'un beau jaune orange assez foncé.

Passiflore (famille des Passiflorées). — Les passiflores appartiennent à la catégorie des sous-arbrisseaux; on les appelle aussi fleurs de la Passion; elles nous viennent du Pérou et sont très jolies; la couleur en est variée; la passiflore cærulea a une fleur bleue, large comme la main, la passiflore incarnate est moins grimpante que la précédente; la culture de ces plantes est des plus faciles, quand bien même la gelée tuerait leur tige, la racine en produit une autre la même année.

Glycine (famille des Papilionacées). — Cet arbuste

est importé de la Chine et est maintenant fort répandu en France. Il garnit merveilleusement bien les baies des fenêtres et tous les endroits sur lesquels il pousse. Ses longues grappes de fleurs d'un mauve superbe ont

Suspension en terre cuite garnie de plantes tombantes.

une odeur des plus agréables. Cette plante ne réclame pas grands soins, mais demande une exposition à la chaleur.

Aristoloche (famille des Aristolochiées). — On l'appelle encore pipe de tabac ; il nous vient de l'Amérique

du Nord ; ses feuilles d'un beau vert sont très amples,
il est décoratif et les fleurs noires qu'il produit parais-
sent assez bizarres. Le bois de l'aristoloche est parfumé.

Volubilis (famille des Convolvulacées). — Les volu-

Plantes grimpantes.

bilis appartiennent aux plantes annuelles, ils se sèment
dans toutes les terres et demandent peu de soins, leurs
fleurs sont jolies et de forme élégante. Il en existe des
variétés de toutes les couleurs.

Nous voulons, avant de terminer ce chapitre, citer
aussi quelques plantes grimpantes, vivaces en serre,
afin qu'elles puissent servir à la décoration des jardins
d'hiver. Placées dans ces conditions, certaines capucines
peuvent vivre.

Kennedie. — La kennedie est la glycine des serres, ses grandes fleurs sont d'un rouge violet.

Thunbergie (famille des Acanthacées). — Plante douée de jolies feuilles en forme de cœur et de belles fleurs jaunes, blanches ou orangées. Elle a besoin d'assez de chaleur.

Il existe encore un grand nombre de plantes grimpantes vivant en serre, telles que : les hoyas, les maurandias, les scyphantes, les stemonas, etc.

CHAPITRE XIV

PLANTES GRASSES. — PLANTES AQUATIQUES

Les plantes grasses forment un groupe des plus hétérogènes, car elles ne sont pas toutes de la même famille ; elles ont cependant entre elles une certaine ressemblance d'apparence dans leur forme et dans leur tissu.

Elles sont en général charnues et épaisses comme les cactus, quelquefois épineuses et affectent les formes les plus bizarres.

Les fleurs des plantes grasses varient du blanc au jaune et au rouge ; douées pour la plupart d'un parfum et d'une beauté remarquables, elles fleurissent facilement dès qu'elles sont un peu poussées.

On a remarqué que ces végétaux ont très peu de racines et se contentent de fort peu de terre, aussi y a-t-il des espèces qui vivent dans des pots tout à fait minuscules. On les arrose très modérément, surtout en hiver.

Cactus. — Les cactus peuvent vivre dans les appartements et se contentent de 5 ou 6 degrés de chaleur, ces plantes affectent les formes les plus variées; le *phyllocactus* a des rameaux longs et aplatis, den-

Petite serre d'appartement pour plantes grasses.

telés sur les bords; les fleurs qu'ils produisent viennent dans ces découpures et sont roses ou blanches. Parmi ces plantes se trouvent les cierges, le *cactus raquette*, ainsi nommé à cause de sa forme; son fruit est comestible, en Sicile. L'*épiphyllum* qui vient du Brésil où il vit sur les arbres, les tiges en sont diffuses et aplaties, et ses fleurs grandes et jolies varient du rose au rouge violet.

L'*échinocactus* a une forme globuleuse allongée ou cylindrique et est orné de côtes plus ou moins nombreuses. Ses fleurs disposées en rosaces sont jaune d'or.

Joubarbe. — La joubarbe est une herbe qui vit assez

longtemps. ses feuilles sont disposées en forme d'artichaut, elle fleurit en grappe. Dans les villages elle pousse sur les couvertures de chaume.

Agaves. — Ces belles plantes nous viennent du Mexique, elles atteignent de grandes dimensions ; il y en a un certain nombre d'espèces, parmi lesquelles nous citerons : la salmiania, la germiniflora, etc.

Aloès. — Les aloès possèdent encore un plus grand nombre d'espèces que les agaves, leurs fleurs ressemblent à celles des jacinthes, elles sont jolies et variées de couleur.

Les petites espèces sont cultivées plus fréquemment que les grandes.

Les plantes grasses comprennent encore les stapelias, les ficoïdes et les euphorbes charnues.

PLANTES AQUATIQUES.

En parlant des aquariums, nous avons parlé des plantes d'eau, il ne nous reste pas grand'chose à dire, nous nous bornerons à citer quelques nouveaux noms tels que : la thalie de Virginie, le nélombo d'Amérique, les nymphéas, les hydrocleis, les souchets, les sagittaires, le souci d'eau, la persicaire, la salvinia natans, etc.

Toutes sont jolies et intéressantes à observer. La plupart d'entre elles sont fort délicates et ne peuvent sortir de l'eau sous peine de se flétrir et de se faner rapidement.

CHAPITRE XV

LES MARCHÉS AUX FLEURS A PARIS. — JOURS DE LA
SEMAINE ET ENDROITS OU ILS SONT ÉTABLIS. —
CONSEILS DIVERS.

Lundi. — Place Saint-Sulpice. — Place de la République. — Boulevard de Clichy.

Mardi. — Place de la Madeleine. — Place Voltaire. — Marché de Passy.

Mercredi. — Quai aux Fleurs. — Marché des Batignolles, de la Chapelle. — Avenue des Ternes.

Jeudi. — Place Saint-Sulpice. — Place de la République. — Boulevard de Clichy.

Vendredi. — Place de la Madeleine. — Place Voltaire. — Marché de Passy.

Samedi. — Quai aux Fleurs. — Marché des Batignolles. — Avenue des Ternes.

Dimanche. — Place Voltaire. — Passy. — Marché de la Chapelle.

Si l'on veut profiter de bonnes occasions, il faut arriver le matin dans les marchés aux fleurs, un peu avant la fermeture de la vente en gros. Au son de la cloche les horticulteurs n'ont plus le droit de vendre, et pour ne pas avoir la peine de remporter les arbustes et les plantes, ils les cèdent souvent à un prix éloigné de leur valeur. La clôture de la vente en gros varie d'heure suivant les saisons; il est facile de se renseigner à ce sujet.

Il est impossible de fixer des prix pour les fleurs et les arbres, car ils varient suivant l'époque, la température, etc.

Un conseil : il est bon de ne pas acheter de plantes quand il a gelé, car les racines peuvent avoir été atteintes par le froid; en ce cas la plante ne tarderait pas, non seulement à se faner, mais même à succomber.

Il faut aussi prendre des précautions en achetant des plantes dans les marchés : il peut arriver que les arbustes soient mal marcottés et séparés de la souche mère depuis trop peu de temps; n'ayant pas assez de racines pour s'alimenter eux-mêmes, ils dépérissent et meurent en quelques jours!...

Il arrive quelquefois qu'après avoir soigné pendant assez longtemps une plante jouissant d'une bonne santé, on la voie subitement s'étioler; il faut en ce cas essayer de quelques moyens pour améliorer son état :

On commencera par changer la terre qui est peut-être devenue trop pauvre en substances nutritives; si le dépérissement continue, on enlèvera les feuilles du végétal; les racines pourront alors se reposer; enfin, si cela ne réussit pas encore, on coupera les branches et la plante sera placée en serre pendant quelque temps.

CHAPITRE XVI

CALENDRIER FLORÉAL

Certaines plantes se trouvent en état de décorer un appartement à une époque déterminée. Nous allons passer en revue les douze mois de l'année et leur attribuer à chacun les fleurs qui leur conviennent.

Au mois de janvier il est difficile, mais pas impossible d'avoir son salon orné de plantes; celles à grand feuillage : les palmiers, les dattiers, les ficus, les dracœnas, les aspidistras se trouvent facilement et ont leur place indiquée dans les appartements. Il est important pour les garder en bon état pendant longtemps d'établir une température constante entre 12 et 15 degrés; de plus, il faut les faire profiter du moindre rayon de soleil et même les exposer le plus possible au jour. Les arrosages très modérés à l'eau presque tiède sont de rigueur. Il est prudent de ne pas aérer la pièce quand le froid est extrême.

Janvier.

Comme plantes fleuries nous trouvons au mois de janvier le muguet forcé, les tulipes, quelquefois des perce-neige, les fleurs de quelques primevères de Chine, enfin les jacinthes poussées en serre ou en appartement.

A Paris, ville de ressources par excellence, c'est

l'époque à laquelle arrivent toutes les fleurs de Nice. On les vend dans des petites voitures où elles offrent à nos yeux un coup d'œil délicieux et varié. Il y a là les anémones rosées, les jacinthes blanches, les narcisses odorants, les violettes de Parme, la giroflée quarantaine et le mimosa.

Disposées au milieu de nos plantes à feuillage vert, elles produisent un effet charmant.

Février.

Le soleil commence à se montrer assez souvent au mois de février, aussi faut-il en faire profiter les plantes qui sont dans la maison ; il est permis d'aérer pendant quelques heures dans la journée et d'exposer les jardinières ou les vases de fleurs à cette température. Ce changement d'air ne doit jamais être fait ni le matin ni le soir.

Quelques fleurs de nos pays commencent déjà à se montrer, ce sont : les violettes dont le parfum nous paraît d'autant plus délicieux qu'elles sont plus rares, les hépatiques et les pâquerettes apparaissent aussi ; les fleurs du Midi continuent à nous arriver, et les plantes de serre sont toujours à notre disposition. Il faut redoubler de soins et de précautions pour elles à cette époque, les arroser toujours avec modération et ne pas omettre à leur égard les soins de propreté qui sont une partie de leur hygiène.

Pour les personnes habitant la campagne, ou même pour celles qui veulent faire de la culture dans des caisses sur des balcons, nous indiquerons chaque mois ce qui doit être semé, planté ou repiqué.

En février, on sèmera dans les terres légères les silènes, le réséda, les pavots, la mignardise, les soleils, les coquelicots, etc. Certaines espèces de graines d'arbustes exotiques qui ont besoin de chaleur pour germer doivent être aussi semées en serre, sous châssis ou dans un endroit abrité et exposé à la chaleur. Tels sont : tulipiers de Virginie, magnolias, mahonias, gigigkos, kalmias, etc.

On peut semer déjà sur couche les héliotropes, les jasmins, les sensitives, les amarantes, etc.

Mars.

Il est utile à cette époque de redoubler de soins à l'égard des plantes vertes décoratives. Les arrosages seront faits le matin.

Les rayons du soleil de mars sont très préjudiciables à certaines plantes; il ne faut pas l'oublier.

A cette époque fleurissent les cinéraires, les crocus et les jacinthes ; la violette continue à nous fournir de charmants bouquets, ainsi que les primevères des jardins et celles des champs appelées coucou ; on a encore quelques iris, des tulipes, l'orobe printanier, la cynoglosse printanière, etc.

Les serres et les châssis offrent à leur tour des rosiers, des alisiers de la Chine, certaines bruyères et les camélias.

On sèmera en pleine terre ou en caisse les bluets, les némophiles, les pieds d'alouette, les soucis, les crépis rosés, etc.

Pour repiquer plus tard on sèmera encore les amarantes, les lobelias, les rhodantes, les verveines, les reines-marguerites, les zinias, les pentstemons, etc.

Avril.

Au mois d'avril il semble que la nature réveillée nous offre une quantité de merveilles. Les marchés aux fleurs sont couverts de pots et de bouquets frais et délicieux. Avec le soleil c'est un coup d'œil féerique. Les fleurs que nous achetons dans les marchés ont été élevées pour la plupart en serre ou sous châssis et sont très susceptibles ; il faut donc éviter de les laisser dehors. Il est nécessaire de les arroser matin et soir pour leur conserver leur fraîcheur ; il faut aussi les préserver des rayons d'un soleil trop cuisant.

On trouve à cette époque : la julienne, les anémones des fleuristes, les anémones écarlates, les chionatoxas, les cyclamens, les érythrones, un grand nombre de Lilaciées et les arbustes grimpants tels que le faux ébénier, la glycine de Chine, etc.

Dans les serres, si la chaleur est assez forte, on peut commencer à ne plus faire de feu, mais il ne faut jamais négliger les arrosages.

On sème alors les belles de jour, les collinsias, les gilias, les immortelles annuelles, les némophyles, les phlox, les ricins sanguins, les plantes grimpantes telles que : volubilis, pois de senteur, capucines, haricots d'Espagne.

Pour les repiquer on sème encore : la ficoïde tricolore, le mimulus, l'oxalis rosé, le datura et la verveine hybride.

Mai.

Mai est le mois des fleurs par excellence. On est embarrassé pour faire un choix parmi les plus belles.

Il ne faut pas commettre d'imprudence pour les plantes de serres qui sont dans les appartements. Il est utile d'attendre la seconde quinzaine de ce mois pour les laisser un peu dehors.

On trouve sur les marchés les pyrèthres roses, les

Corbeille de primevères.

ancolies, la corbeille d'argent, les collinsias, la julienne, les amaryllis, les anémones, les auricules, les rosiers, qu'il faut avoir soin de choisir en boutons, le thlaspis annuel, les némophiles, le basilic, etc.

Il faut mettre en pleine terre au mois de mai, les géraniums, les pétunias, les héliotropes, les verveines, etc.

On sèmera des œnothères, les salpiglossis, le réséda, les volubilis, le gypsophile élégant, la campanule speculum, etc.

Pour être repiqués on mettra en terre les graines de

balsamines, de reines-marguerites, d'œillets de Chine, de chrysanthèmes, etc.

Les plantes de serres qui peuvent passer quatre mois dehors seront sorties à cette époque; on en profitera pour mettre les autres plus au large.

Juin.

Le mois de juin nous offre à choisir entre un grand nombre de roses qui embaument l'air de leur parfum.

Les dahlias, les rhododendrons, les fuchsias, les adonis, les pélargoniums, les kalmias, les lis, les belladones, les pétunias, le réséda, les phlox, les clarkias élégants, les gidias, les linaires, les saxifrages, etc,, fleurissent à cette époque.

Si l'on achète des plantes dans les marchés, il faut faire cet achat le matin de bonne heure, choisir celles qui sont bien en motte, les laisser reposer à l'abri de la chaleur et les planter le soir seulement, après les avoir mouillées plusieurs fois pendant le jour; aussitôt la plantation terminée, il faut arroser la plante ; ensuite on doit avoir le soin de les placer à l'ombre et et de bien garnir le dessus des pots ou des jardinières avec de la mousse qui sera maintenue toujours très humide pour entretenir la fraîcheur. Malgré cette humidité constante, il ne faudra pas négliger de les arroser le soir, en ayant soin de faire tomber de l'eau en pluie sur les feuilles et la tige.

Pour les plantes de serre, les seuls soins à leur prodiguer consistent dans des soins de propreté et des arrosages qui sont nécessaires, de plus, il faut éviter de les placer en plein soleil.

On continue de semer les plantes annuelles telles que les balsamines, les belles-de-jour, les campanules, les coréopsis, les godétias, les juliennes, les roses d'Inde, les saponaires, les lupins, les pensées, les anthémis, les colchiques, les safrans d'automne, les scilles, etc.

Pour l'année suivante on sème en pépinière : le lin vivace, les linaires, les croix de Jérusalem, les roses trémières, la valériane rouge, etc.

Juillet.

Le mois de juillet nous apporte des fleurs en abondance, aussi en trouve-t-on une multitude sur les marchés ; si les fleurs que l'on achète sont destinées à l'ornementation instantanée d'un appartement, il faut les laisser dans leur pot ou prendre les plus grandes précautions pour les enlever sans déranger la terre qui entoure leurs racines.

Quand les fleurs ont été achetées en motte, on peut les planter le matin même de l'acquisition ; aussitôt la plantation faite on doit les arroser copieusement.

A cette époque il faut relever les griffes ou les oignons de fleurs dont le feuillage est desséché ; on les range dans un endroit bien sec pour les planter en automne.

Les plantes de serres ne réclament que des arrosages fréquents et de l'ombre quand le soleil est trop ardent.

Nous avons eu les roses les plus gracieuses pendant le mois de juin mais les Bengales-Bourbon et les noisettes fleurissent en juillet jusqu'aux gelées, ainsi que les roses perpétuelles telles que la rose du Roi.

Nous aurons comme fleurs les œillets de Chine, les whitlavia, les amarantes, les arnebias, les cacalies, les ancolies, les crucianellas, le pourpier à grandes fleurs, le mélilot bleu, le gypsophile, l'impatiens, le thlaspis, le zinia, le pois de senteur, etc.

Comme plantes exclusivement décoratives par leur feuillage, on peut citer : l'amarante, les ricins, les acanthes, les aralias, les balisiers, les bambous, les caladiums, les cordylines, les ficus et les fougères.

Si on veut avoir des fleurs en septembre il faut alors semer les némophiles, les soucis de Trianon, les campanules, le pourpier, le leptosiphon, etc., pour être repiqués en pot à l'automne et fleurir l'année suivante on trouve les aconits divers, l'aspérule odorante, la benoite, la buglosse, les calcéolaires, l'alysse ou corbeille d'or, etc.

On peut déjà planter en terre les colchiques, la fritillaire, les lis blancs, le perce-neige, les scilles, etc.

Août.

C'est pendant ce mois qu'il faut s'occuper de rempoter les plantes d'appartements qui en ont besoin, afin qu'elles puissent reprendre avant l'hiver ; les soins à leur prodiguer sont les mêmes que dans les mois précédents, mais la plus grande attention est nécessaire pour les préserver du soleil brûlant à cette époque ; des arrosages copieux matin et soir sont absolument nécessaires pour tous les végétaux.

Les roses abondent toujours à cette époque, elles

brillent à côté des verveines, des astères, des dahlias, des œnothères, des roses trémières, des scabieuses, des pieds d'alouettes, des achillées, des boltonias, etc,

On peut semer encore des juliennes de Mahon, des collinsias, du réséda et des pensées ; il est même très important pour que ces dernières soient belles de les semer en août, au plus tard en septembre ; on les repique très jeunes pour obtenir des fleurs dès le mois d'avril.

Vers la fin du mois d'août on peut commencer à planter sur carafes, dans de la mousse ou en pots, quelques jacinthes, scilles, narcisses et tulipes, afin d'obtenir une floraison précoce.

Septembre.

On continue en septembre à planter des oignons. On rentre les plantes de serre chaude, et il faut les arroser d'autant moins que la chaleur est moins grande.

Comme fleurs, les jardinières ne manqueront pas encore de garniture car il y a les morisias, les lobelias, les phlox, les cupidones, les campanules, les agératums, les amaryllis d'automne, les colchiques d'automne, les passe-roses, etc.

Lorsque l'on veut avoir du gazon en pot ou en caisse, c'est à cette époque qu'il faut le semer de préférence, le ray-grass anglais est l'herbe qui devient la plus fine, il y a encore l'agrostis vulgaire, la fétuque des près, la canche flexible, la flouve odorante, etc.

Pour avoir des fleurs en mai ou en juin, on sème au mois d'août : les coréopsis, la linaire, l'immortelle annuelle, le muflier, la saponaire, etc.

Octobre.

Il faut commencer à veiller à ce que les plantes d'appartement reçoivent le plus de lumière possible, on doit encore les baigner d'air pendant la plus grande partie de la journée, à moins que les premiers froids se soient déjà montrés; les arrosages deviendront plus modérés. Il est bien entendu que les plantes les plus délicates ont été rentrées avant le 15; pour les autres, il est bon d'attendre un peu sans trop tarder toutefois, et en se basant sur la température.

Pour la plupart des plantes des tropiques, c'est le moment de la floraison; on peut favoriser leur végétation en les mettant pendant quelque temps dans un lit de feuilles et de fumier neuf (bien entendu ce traitement ne peut s'effectuer qu'en serre), mais toutes les plantes des régions chaudes ne demandent pas ces soins particuliers.

Un grand nombre de fleurs brillent encore à cette époque de l'année; les roses du Bengale, muscades, noisettes; les dahlias, les phlox, les zinias, les œnothères, les ibicus, le plumbago, le bégonia discolor et tous les fuchsias résistent jusqu'aux gelées, ainsi que les hortensias.

Il est encore temps de planter les mêmes oignons à fleurs qu'au mois de septembre.

Novembre.

C'est le mois des chrysanthèmes, ces belles fleurs si appréciées depuis quelques années, et dont nous avons eu l'occasion de parler au commencement de cet ouvrage. Elles fleurissent en pleine terre et font un effet merveilleux soit sur pied, soit en bouquets.

Les chrysanthèmes coupés avant les gelées se gardent parfaitement en cave pendant un temps assez long ; il faut mettre un peu de cire à cacheter au bout de leur tige aussitôt qu'on vient de les couper, on les enveloppe ensuite dans du papier, puis ils sont placés dans une cave. Quand on les reprend, il faut avoir le soin de couper un petit morceau de la tige avant de les mettre dans l'eau, elles reprennent alors toute leur fraîcheur.

Les astères durent aussi pendant le mois de novembre ; il y a une espèce de petite astère blanche qui est charmante : avec ses feuilles légères elle ressemble à une bruyère. Les plantes d'appartement réclament en ce mois une grande propreté. C'est le dernier moment pour planter des oignons à fleurs.

Décembre.

Pendant ce mois, il faut se contenter des plantes vertes qui sortent des serres et qui demandent de grands ménagements. Ce qu'elles craignent le plus dans nos maisons, c'est le chauffage défectueux, ainsi que nous l'avons déjà dit ; il est bon d'y remédier par de nombreuses pulvérisations d'eau tiède. Les Graminées sèches, les staticés, les rhodantes trouvent à cette époque leur place dans les vases et dans les jardinières. Les violettes de Parme commencent à donner sous châssis, ainsi que les jacinthes blanches, et la tulipe appelée : duc de Thol. Les narcisses, les cyclamens et d'autres liliacées fleurissent en serre dès cette époque.

Bouquet de fleurs, roses, œillets, etc.

Les amateurs de fleurs verront d'après ce calendrier floréal qu'à toutes les époques de l'année il leur est possible de satisfaire leur goût.

CHAPITRE XVII

LES PLANTES ET LES FLEURS DANS LES FÊTES RELIGIEUSES ET DANS LES FÊTES MONDAINES

Les fleurs sont employées souvent dans l'ornementation religieuse ; soit pour les reposoirs, pour les mois de Marie ou encore pour orner le tombeau pendant la semaine sainte. Pour les reposoirs on peut les disposer de bien des façons, il est facile de faire des guirlandes de toutes espèces qui se placent à volonté. Voici de quelle façon il faut procéder : on achète, chez un tapissier, des bourrelets de portes très bon marché, on les entoure de mousse fixée au moyen de fil ordinaire ou de fil de laiton très fin, on mouille dans un baquet d'eau les bourrelets ainsi recouverts ; ils s'imprègnent d'humidité, puis on pique ou on attache sur eux, de distance en distance des fleurs choisies de couleurs variées ou toutes blanches si c'est pour le mois de Marie. Ces jolies guirlandes durent assez longtemps quand la mousse a trempé un peu. Si on veut en former des lettres, ce qui est très facile, on choisit du bourrelet très-mince ; il n'y a qu'à les coudre en forme voulue sur des draps ou des tentures. Pour que les lettres ou les ornements soient rigides, les bourrelets se fixent sur des baguettes de bois, des branches de saule, etc. On décore ainsi les fonds de reposoirs ou de tombeau, on dessine avec ces guirlandes fleuries des étoiles, etc.

8

Si les fleurs sont rares ou qu'on ne soit pas à même de
s'en procurer, on prend du lierre à la place, l'effet est
moins joli, mais la durée est plus longue. Pour décorer
des draps tendus on se sert de piquets de fleurs, ces
piquets ou petits bouquets seront cousus de place en
place de façon à former un capitonnage. Si l'on veut
obtenir un fond entièrement en fleurs, il faut se pro-

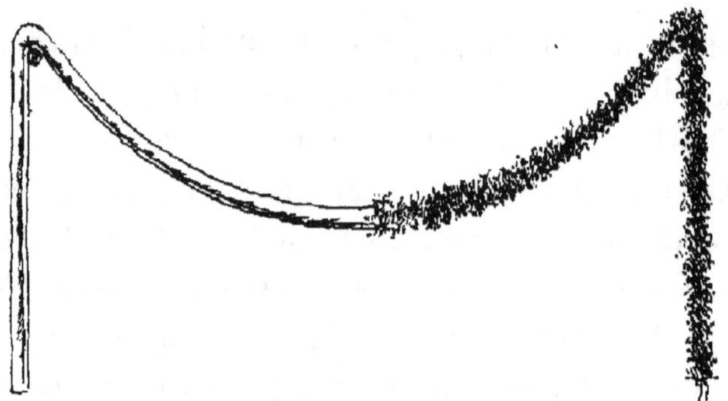

Monture d'une guirlande de fleurs.

curer un grillage en fil de fer que l'on dispose de la
forme désirée ; mur, dôme, etc. On le couvre de touffes
de mousse et de lierre que l'on attache au moyen de
fils de laiton, et des guirlandes ou des bouquets sont
fixés de place en place ; on arrose ce mur de verdure
aussi souvent que possible. Il faut se garder de le
placer au soleil.

Sur le reposoir même, on placera des gerbes de
feuillage léger. Un dôme de verdure est d'un très gracieux effet. Sur la nappe d'autel il est facile de disposer
encore des petits piquets de fleurs de place en place.

Le tabernacle peut être aussi couvert de roses ou
tout enguirlandé.

Dans les reposoirs, pour les mois de Marie, ou les tombeaux, comme sur tous les autels, les fleurs doivent être disposées en gerbes, c'est-à-dire qu'on fait le bouquet en plaçant d'abord des feuillages ou de grandes branches en arrière du vase, puis on diminue la longueur des tiges pour que sur le devant les fleurs mêmes viennent toucher le bord. Des couronnes de

Guirlande de fleurs montée.

marguerites des champs et de bluets sont jolies, mais il faut se garder de les faire ressembler à des couronnes mortuaires ; pour cela, on entoure de feuillage et non de mousse une petite guirlande de jonc en ayant le soin de mêler à ce feuillage, qui doit être léger, beaucoup de marguerites et de bluets puis on ferme la guirlande suivant la grandeur de la couronne que l'on veut obtenir.

Dans les mois de Marie on ne met généralement que des fleurs blanches, quelquefois des bleues, mais rarement.

La Saint-Fiacre est la fête des jardiniers, aussi déploient-ils tout leur art pour trouver des ornementations

originales exécutées au moyen de fleurs. On voit
quelquefois à cette occasion des arcs de triomphe dont

Draperie de reposoir ornée de piquets de fleurs naturelles.

la charpente est entièrement décorée de dessins et de
mosaïques fleuries. Ces arcs peuvent se faire de deux

façons. Si la charpente est en planches recouvertes partout de terre glaise, on pique dans cette terre des fleurs et des pétales de fleurs ; il est facile de varier ainsi les dessins et même de faire des inscriptions.

Si la charpente n'est pas massive, on la construit

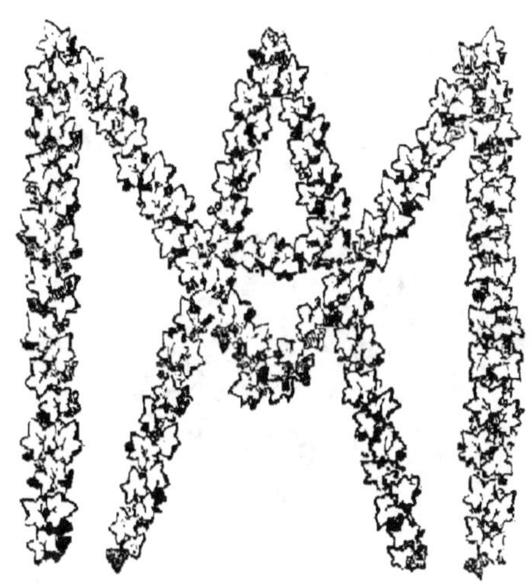

Initiales de la Vierge tressées en feuilles de lierre.

en treillis, et ce sont des guirlandes de feuillage et de fleurs diverses qui courent d'un bout à l'autre. Pour la Saint-Fiacre on exécute encore toutes sortes de constructions en terre glaise recouvertes de fleurs entières ou même de pétales de couleurs différentes qui forment des surfaces très bien diaprées ; on construit ainsi des maisons, des châteaux, des ponts, etc.

Les insignes du jardinage sont souvent employés comme trophées. La bêche et le rateau attachés ensemble par des rubans sont décorés de guirlandes, tandis que la roue, les côtés et les bras de la brouette sont garnis de la même façon.

Les fleurs sont aussi employées dans les cérémonies mondaines ; dans les cotillons, par exemple, on peut se servir des mêmes guirlandes que nous avons décrites plus haut ! Il est facile de confectionner des bouquets de diverses formes, des piquets de cheveux, des colliers et des ceintures de fleurs, pourvu que ces objets soient semblables deux à deux. Il y a quelques années on a garni

Mai de fleurs pour un cotillon.

des ombrelles avec des fleurs ; cette décoration est des plus faciles, mais ne dure pas longtemps, car les branches que l'on dispose dans ces conditions ne peuvent être mouillées dans la crainte d'abîmer l'objet sur lequel on les pose. Sur une ombrelle blanche, par exemple, on assujettit une gerbe de fleurs des champs en laissant retomber jusqu'au bord quelques grandes herbes avec des bluets et des marguerites.

On confectionne aussi des coussins en fleurs en s'y prenant de la façon suivante. On peut prendre un sac ou une toile d'emballage de la forme voulue ; on la remplit de foin et sur un lit épais de mousse on pique les fleurs. On peut placer entre le foin et la mousse, à la partie supérieure, une couche de sable bien mouillé. On assujettit au moyen de quelques points un morceau d'étoffe rouge bleue ou verte à l'envers du coussin ensuite l'on pique des fleurs par nuances en formant des dessins plus ou moins compliqués suivant l'adresse du compositeur ; un coussin bleu et blanc peut se faire avec des fleurs d'agératum et des géraniums ou des anthémis. On arrive à représenter les armes d'une ville, un chiffre enlacé, une fleur de lis, ou des losanges variés.

Il nous reste encore à dire quelques mots sur la fête des Fleurs établie au mois d'août à Paris. Depuis les équipages les plus luxueux jusqu'aux modestes, fiacres, tous ceux qui prennent part à la fête sont décorés. Le cheval a souvent deux panaches retenus par des rubans, de chaque côté de la tête ; au fouet est attaché un tout petit bouquet. La capote de la voiture est remplie de fleurs plus ou moins riches, plus ou moins belles et les roues sont aussi enguirlandées. Ajoutez à cela les toilettes élégantes des dames et vous aurez un charmant coup d'œil.

TABLE ALPHABÉTIQUE

TABLE DES MATIÈRES

1491-92. — Corbeil. Imprimerie Crété.

www.ingramcontent.com/pod-product-compliance
Lightning Source LLC
LaVergne TN
LVHW021838170726
843503LV00003B/989